周易入门

张善文 著

华东师范大学出版社

周易入

目　　录

前　　言

《周易》这部书,充满了神秘色彩。

旧时江湖上卖卜的术士,常常高悬"文王神卦"的奇幡,招徕一群群求问吉凶祸福的人们;至今仍存留一些老宅,门楣上尚可发现类似蜘蛛网状的八卦图案,以为驱邪纳福之用。《周易》真有这么神奇吗?

前代的圣贤名哲,从孔子读《易》,韦编三绝开始,到汉魏六朝的孟喜、焦赣、京房、司马迁、班固、马融、郑玄、刘表、虞翻、王弼、阮籍,唐宋的孔颖达、李鼎祚、司马光、欧阳修、苏轼、邵雍、周敦颐、程颐、朱熹、杨万里,以及元明清以降的胡一桂、来知德、黄道周、李光地、陈梦雷、惠栋、张惠言、焦循等人,都孜孜不倦地探研《易》理,各有重要创获。历代朝廷以科举取士,均将《周易》冠于群经之首,士子学人遂视《周易》为必读之教科书。累积至今,诸家撰成传世的《周易》著述较群经为最多,而《易》学终亦成为一项精微奇妙的专门学问。《周易》果属如此精奥吗?

朱熹曾经说过:"《周易》难读,它说一物并非真是一物,它是用卦象来喻示人生道理。"翻开《周易》,读者看到的是令人眼花缭乱的八卦、六十四卦符号,以及晦涩艰深的卦辞、爻辞,初览之下,未免如丈八金刚摸不着头脑。无怪乎像朱子这样的大学问家在注解《周易》时也留下不少"阙疑"、"未详"之处。《周易》确实这样难读吗?

万事开头难,读书入门难。笔者撰写此册文字,旨在针对基本的《易》学问题,叙谈有关研探《周易》的一些必备常识,帮助初学者寻求治《易》的正确途径。然撰者未敢自信读此书者必能即刻洞彻《易》理,此固非一朝一夕之功也;惟能缘此而渐悟读《易》要领,则笔者之愿足矣。

著名《易》学专家、本师黄寿祺教授曾审阅此书稿。学术沿承,渊源有自,虽一册小书,微不足道,然师恩实未可忘也,谨兹志之。

张　善　文

第 一 章

《周易》包括哪些内容

在尚未理清《周易》内容的头绪之前，读者或许认为此书繁杂万端，难以阅读。其实，一言以蔽之，今本《周易》的全部内容不过包括"经"、"传"两部分。

一、"经"部分，含六十四卦的卦形符号和卦爻辞

（一）六十四卦的卦形符号

谈到《周易》的六十四卦，不能不先叙及"八卦"；叙及"八卦"，又不能不先推述"阴阳"概念。不论是八卦，还是六十四卦，均由"阴"、"阳"两种符号构成。《周易》的"阴"、"阳"符号，分别呈中断的与相连的线条形状，其式如下：

阴   阳

古人用这两种符号代表"阴"、"阳"，其所喻示的事物、现象至

为众多。在古人心目中,寒暑、日月、男女、昼夜、表里、正反、胜负、黑白等等,均属阴阳范畴。我们甚至可以想像,倘若创造阴阳符号的那位古人有幸活到现在,懂得今天阴电、阳电,正极、负极,正数、负数等物理、数学概念,他也一定会将之纳入这两种符号的象征类例中去。

此后,古人将这两种符号三叠而成八种不同形状的三划线条组合体,构成不同的卦形,命为不同的卦名,并拟取不同的象征物,其间的对应关系是:

卦　形	卦　　名	象　征　物
☰	乾	天
☷	坤	地
☳	震	雷
☴	巽	风
☵	坎	水
☲	离	火
☶	艮	山
☱	兑	泽

这就是"八卦"(也称"经卦")。八卦又各具特定的象征意义,即:乾之义为"健",坤之义为"顺",震之义为"动",巽(音训xùn)之义为"入",坎之义为"陷",离之义为"丽"(附着),艮之义为"止",兑之义为"说"(悦)。八卦所含这八种象征意义基本不变,但各卦的象征物除了上表所列八种主要物象之外,尚可依类博取。这些,本书下几章还将专题详述。

由于八卦的象征旨趣在六十四卦大义中得到反复印证,因此,理解、熟悉八卦的构成形态与名义,是探讨《周易》的第一层阶梯。当然,要记住这八个复杂的卦形也不是太容易的,好在朱熹《周易本义》卷首载有一首《八卦取象歌》说:

☰乾三连,☷坤六断;

☳震仰盂,☶艮覆碗;

☲离中虚,☵坎中满;

☱兑上缺,☴巽下断。

这八句,把八卦的卦形特点讲述得十分明白易懂,它说:"乾卦是三条完整相连的线组成;坤卦是断为六截的短线组成,震卦像仰放的罐盂,艮卦像覆置的盆碗;离卦中线虚亏,坎卦中线完整;兑卦上线缺口,巽卦下线中断。根据数学的组合排列原理,两种符号(--、—)三叠所成的结果,只能出现这八种卦式。而《周易本义》附载这首歌诀,能帮助熟记八卦的卦形,初读《周易》者务必背诵不忘。

接着,古人又将八卦两两相重,于是产生了六十四种不同形状的六划线组合体,即"六十四卦"(也称"别卦")。每卦中居下的三划称"下卦"(或"内卦"),居上的三划称"上卦"(或"外卦")。六十四卦各有各的卦名及所喻示的象征涵义。其中凡属八卦自相重成之卦,仍以八卦之本名为卦名;凡八卦交错重成之卦,则别取一名。如两乾相重,仍名《乾》卦(䷀),拟取天体运行不止之象,喻示开创万物的"阳刚元气"之发展规律;坤下离上相重,则为《晋》卦(䷢),拟取火在地上、如日升起之象,喻示事物"晋长"之时的情状。其他诸卦无不如是,均以六划形的象征符号,反映作者对自然界、人类社会的种种认识,喻示各种事物、现象特定的发展程序、哲学义理。六十四卦出现的最重大作用是:形成了《周易》以阴阳线条为核心,以八卦物象为基础的完整的符号象征体系。

六十四卦的每一卦,皆有六条线条,这些线条被称为"爻"。其中阳爻(—)均以数字"九"代表,阴爻(- -)均以数字"六"代表。因此,《周易》所言"九",皆指阳爻;所言"六",皆指阴爻。每卦六划,又有高低不等的"爻位",自下而上,分别称为"初位"、"二位"、"三位"、"四位"、"五位"、"上位"。于是,各卦凡是阳爻(九)居此六位者,依次称"初九"、"九二"、"九三"、"九四"、"九五"、"上九";凡是阴爻(六)居此六位者,依次称"初六"、"六二"、"六三"、"六四"、"六五"、"上六"。举《乾》、《坤》两卦为例,可以展示每卦中阴阳爻位及下卦(内卦)、上卦(外卦)的程式:

为甚么六十四卦中每卦六爻位序均自下而上排次呢?前人解释说:这是《易》气从下生的原理。此说颇有理趣,只要我

们观察到一切事物均是从小及大、由低渐高、自幼而壮的发展情实,则必然对《易》卦爻序的这种排列叹为精确合理了。

写到这里,六十四卦卦形的要点已大略涉及,而必须强调指出的是:六十四卦的构成,以八卦为基础;八卦的产生,又以阴阳爻划为根柢。因此,阴阳两爻,实属《周易》六十四卦符号系统的内核。

(二) 六十四卦的卦爻辞

《周易》"经"部分的另一方面重要内容,是六十四卦的卦辞以及诸卦各爻的爻辞。

卦爻辞是附系于六十四卦符号下的文辞,分别表明各卦各爻的寓意。卦辞每卦一则,总括全卦大意;爻辞每爻一则,揭示该爻旨趣。《周易》共有六十四卦,三百八十四爻,故相应有 64 则卦辞、384 则爻辞(因《乾》、《坤》两卦分别多出"用九"、"用六"文辞,故有人亦将之合入爻辞计算,谓有 386 则文辞)。

卦爻辞的出现,有两大意义:

其一,使《周易》"经"部分成为卦形符号与语言文字有机结合的一部特殊的哲学著作。本来,仅有六十四卦符号,不过是一套自成象征体系的图案而已;加入文字,图文参证,则使之具备哲理书籍的规模。

其二,使"《易》象"从隐晦的符号暗示,发展为用文字表述的、带有一定文学性的象征形象。如果仅凭卦爻符号,一卦一爻的内在含义未能显明;有了卦辞、爻辞的说明,则卦爻的象征意义遂获得文字形式的喻示,便于读者理解。

卦爻辞的基本特色是"假象喻意"，即借用人们生活中习见常闻的物象，通过文字的具体表述，使卦形、爻形内涵的象征旨趣更为鲜明生动。如《中孚》卦（☲），卦名"中孚"的意思是"中心诚信"，九二爻以阳居下卦第二位，与上卦九五真诚相应，象征笃实诚信的"君子"，故爻辞用譬喻性语言说道："鸣鹤在阴，其子和之；我有好爵，吾与尔靡之。"意思是："鹤鸟在山阴鸣唱，其子声声应和；我有一壶美酒，愿与你共饮同乐。"这些拟取生动的事象、物象来说明卦义、爻义的文辞，称为"拟象辞"。拟象辞中有不少是用韵文写成的，如上引一则甚至采用了"比兴"的手法。所以宋代陈骙《文则》认为《周易》的文辞像诗歌，并说有些卦爻辞足以与《诗经》相媲美，这是很正确的说法。

　　卦爻辞的另一方面特色，是常用"吉"、"凶"、"利"、"贞"、"无咎"等词来表示该卦该爻所寓含的对事物、现象或褒或贬的义理。这些揭示利弊之词，称为"占验辞"。占验辞在《周易》六十四卦、三百八十四爻中出现至多，《周易》经文因之带有浓厚的卜筮色彩。

　　《周易》六十四卦经文有一定的编排次序，前三十卦（自《乾》卦到《离》卦）为"上经"，后三十四卦（自《咸》卦至《未济》卦）为"下经"。先秦文献（如《左传》、《国语》等）所称"《周易》"者，特指"经"部分。因此，当卦爻辞撰成之后，一部兼具卦形和文辞两大要素的独特的古代哲学专著——《周易》，终于以完整的面目、严密的体系出现于世，流传不衰。

二、"传"部分,含阐释《周易》经文的十篇专著

这些解经之论,包括《彖(音团去声 tuàn)传》上下,《象传》上下,《文言传》,《系辞传》上下,《说卦传》,《序卦传》,《杂卦传》等七种十篇。这十篇的创作宗旨,均在解说"经文"大义,犹如"经"之羽翼,故汉代人合称之为《十翼》,后世亦统谓为《易传》。

(一)《彖传》

《彖传》随上下经分为上下两篇,共 64 节,分释六十四卦卦名、卦辞及一卦大旨。"彖"字之义,犹言"断",谓"断定一卦之义"。《彖传》阐释卦名、卦辞、卦义的体例,往往取上下卦象、主要爻象为说,多能指明每卦中的为主之爻,而以简约明了之文字论断该卦主旨。

(二)《象传》

《象传》也随上下经分为上下两篇,阐释各卦的卦象及各爻的爻象。其中释卦象者每卦一则,共 64 则,称《大象传》;释爻象者每爻一则,共 384 则(《乾》、《坤》两卦多出"用九"、"用六"文辞之象,若合计入,即有 386 则),称《小象传》。"象"字之义,犹言"形象"、"象征"。《大象传》的体例,是先释每卦上下象相重之旨,然后从重卦的卦象中推衍出切近人事的象征意义,文辞多取"君子"的言行、道德为喻。如《损》卦的《大象传》称"山下有泽,损,君子以惩忿窒欲",即表明该卦上艮(☶)

为山、下兑(☱)为泽,有"损泽益山"、"损下益上"之象,君子当效法此象,时时惩戒忿怒、抑止邪欲、自损不善。其他诸卦《大象传》的义例,无不如是。《小象传》的体例,是根据每爻的性质、处位特点,分析爻义吉凶利弊之所以然。如《明夷》卦六二爻《小象传》曰:"六二之吉,顺以则也",即指明此爻柔顺中正,不违法则,故获吉祥。其他诸爻《小象传》义例亦均类此。《象传》以言简意明的文辞,逐卦逐爻地解说六十四卦、三百八十四爻的立象所在,使《周易》经文的象征意趣有了比较整齐划一的阐说。

(三)《文言传》

《文言传》分前后两节,分别解说《乾》、《坤》两卦的象征意旨,故前节称《乾文言》,后节称《坤文言》。《文言》两字之义,即谓"文饰《乾》、《坤》两卦之言"。《文言传》所阐发《乾》、《坤》两卦的卦辞与爻辞的意义,是在这两卦《彖传》、《象传》的基础上作出进一步的拓展,故其文意至为深刻详明而广为引申旁通。至于为甚么《文言传》只释《乾》、《坤》两卦,不涉及其他各卦?朱熹的《周易本义》认为:是衍发《彖传》、《象传》之旨,以尽《乾》、《坤》两卦的意蕴;而其余六十二卦之说,即可依此例类推。

(四)《系辞传》

《系辞传》因其篇幅较长,分为上下两篇,前篇称《系辞上传》,后篇称《系辞下传》。"系辞"两字的名义,本指在六十四卦的卦爻符号下撰系文字,以成卦辞、爻辞,故亦为卦爻辞之别称;但作为《易传》的一种,其意则是申说六十四卦经文要领,条贯卦爻辞之基本义理。因此,《系辞传》可视为早期的《易》义通论。文中对《周易》"经"文的各方面内容作了较为全面、可取的辨析、阐发,有助于后人理解八卦、六十四卦及卦爻辞的通常义例。其中有对《周易》作者、成书年代的推测,有对《周易》"观物取象"创作方法的追述,或辨阴阳之理,或释八卦之象,或疏解乾坤要旨,或展示《易》筮略例,并穿插解说了 19 则爻辞的象征意义(集中见于《系辞上传》者 7 则,集中见于《系辞下传》者 11 则,散见于《系辞上传》者 1 则,共 19 则)。当然,《系辞传》在通说《易》义的过程中,也充分表露了作者的哲学观点。但就其创作宗旨分析,这些哲学观点,又无不归趋于《易》理范畴。简言之,《系辞传》的本质意义,在于抒发《易》理之精微,展示读《易》之范例。

(五)《说卦传》

《说卦传》是阐说八卦取象大例的专论。全文先追述作《易》者用"蓍草"演卦之历史;再申言八卦的两种排列方位(宋代人称为"先天"、"后天"方位);然后集中说明八卦的取象特点,并广引众多象例,是今天理解、探讨《易》象产生及推展的重要资料。其中言及八卦的最基本象例:乾为天,坤为地,震为雷,巽为风(为木),坎为水,离为火,艮为山,兑为泽;以及与之相对应的八种大体不变的象征意义:乾健,坤顺,震动,巽入,坎陷,离丽(附着),艮止,兑说(悦)。这在《周易》六十四卦象征义理中几乎是每卦必用的象喻条例,对于明确《周易》卦形符号的构成原理,具有不可忽视的参考价值。

（六）《序卦传》

《序卦传》旨在说明《周易》六十四卦的编排次序，揭示诸卦相承相受的意义。全文分两段：前段叙上经《乾》至《离》三十卦次序，后段叙下经《咸》至《未济》三十四卦次序。这种卦序，显然是相沿已久的。而文中所明各卦相次依承的意义，含有事物向正面发展或向反面转化的辩证观点。可以说，《序卦传》是一篇颇具哲理深度的六十四卦推衍纲要。

（七）《杂卦传》

《杂卦传》取名为"杂"之义，犹言"杂糅众卦，错综其义"，即打散《序卦传》所揭示的卦序，把六十四卦重新排成 32 组两两对举，同时以精要的语言概括卦旨。文中对举的两卦之间，其卦形的构成状态或"错"（亦称"旁通"，意为六爻相互交变，如《乾》☰与《坤》☷即是），或"综"（亦称"反对"，意为卦体相互倒置，如《比》☵☷与《师》☷☵即是），其卦义多成相反。这种"错"、"综"现象，是六十四卦符号形式的重要特征。从《杂卦传》一文，可以窥探出该传作者对《周易》卦形结构的进一步认识，其哲学意义在于表明事物的发展在正反相对的因素中体现其变化规律。

上面，我们大体揭明了《易传》七种的内容要点。同时，我们可以因之获得这样一种观点：《易传》诸篇的创作，尽管其抒论角度各不相同，或叙述的重点各有所主，但其基本宗旨无不就《周易》经文而发。那么，作为《周易》经文出现之后而产生的，并成为自古以来众所公认、无与伦比的解经专著的《易

　　传说上古时代，中国的黄河上通天界，河中出现了一条龙马，马背上布满神奇的图案。圣人伏羲氏看到龙马背上的图案，十分认真地临摹下来，同时结合仰观天文、俯察地理，于是创作了八卦。据说他后来又把八卦重成六十四卦，终于奠定了《周易》卦形符号象征体系的重要基础。

传》,不但是今天研究《周易》经文的最重要"津梁",而且其本身的哲学内涵也值得深入探讨。

还应当指出,《易传》七种原来都是单独刊行,后来被合入六十四卦经文并行。所以,今本《周易》中,凡《彖传》、《象传》均附于相应的六十四卦卦爻辞之后,《文言传》分附于《乾》、《坤》两卦之后,而《系辞传》、《说卦传》、《序卦传》、《杂卦传》则依次列于六十四卦后。这种经传合编的《周易》本子,是古代《易》学经师为了便于学者以经文与传文相对照诵读而编成的。大约编定于汉魏期间,是当时崇尚经学的社会背景的一方面反映。后代学者多依此种本子研习,影响至为广泛,遂使《易传》的学术价值提高到与"经"并驾齐驱的地位。乃至人们在传述研究时论及《周易》一书,事实上往往兼指"经"、"传"两部分。唐代的孔颖达即用魏王弼的经传合编本修撰《周易正义》,成为后世治《易》者必读的一部重要著作。故凡言《周易》者,其狭义虽曾特指"经"部分,其广义则兼含"经"、"传"两者。

第 二 章

《周易》命名的含义何在

孔子曰:"必也正名乎","名不正则言不顺,言不顺则事不成"(《论语·子路》)。读书著书,其理亦无不同。故古代人凡著一部书,必重于立其名义。那么,《周易》一书的取名,又寓有何义呢? 这一问题,可以从两方面分析。

一、"周"字的含义

"周"字之义,历来有两种说法。

(一)认为"周"指周代,即谓《周易》是西周时代的书。这里必须联系到古代文献中叙及的三部均以六十四卦为占筮(音是 shì)之用的书:《连山》、《归藏》、《周易》。此说认为,《连山》是神农时代的筮书,神农一称"连山氏";《归藏》是黄帝时代的筮书,黄帝一称"归藏氏"。后来,《连山》为夏代所用,《归藏》为商代所用。既然《连山》、《归藏》两书均以时代名书,则《周易》之"周"字亦因其为西周之书而题"周"。故《周礼》合《连山》、《归藏》、《周易》三书称之为"三易"。

（二）认为"周"字义取"周普"。这一说法，对"三易"别有一种解释：谓《连山》以《艮》卦居六十四卦之首（艮为山），象征"山之出云，连连不绝"，故取"连山"为名；《归藏》以《坤》卦居六十四卦之首（坤为地），象征"万物皆归藏于地中"，故取"归藏"为名；《周易》以《乾》、《坤》两卦居六十四卦之首（乾坤为天地），象征《易》道周普，犹天地之无所不备"。故《周易》之"周"字，义为"周普"。

唐代孔颖达撰《周易正义》，认为"因代以称周"较为合理。自孔氏以来，注《易》之家专主"周"为代名者至为众多，今当从之。

二、"易"字的含义

"易"字之义，古今歧异之说尤多。择其主要者，约有七种：

（一）许慎《说文解字》认为，"易"是壁虎类动物"蜥易"的名称，是个象形字。篆文"易"字写作：

此字把它横过来看，正像一只壁虎，头、身、足、尾俱全。这种"蜥易"，旧说能在一天12个时辰中改变12种颜色、以作掩护而免遭外物侵害，故假借为"变易"之"易"。《周易》之书，言阴阳运行、万物变化之理，遂取"易"字为名。

（二）《周易乾凿度》认为，"易"字含有"简易"、"变易"、"不易"三层意义。简易，指《周易》的阴阳之理在人类社会、大自然之间处处可见，无所隐奥，毫不繁杂；变易，指《周易》之道,尽在于"变",如四季更替周转,事物运动、变化、发展之类均是;不易,指《周易》又把某些事理看成是不可变易的,如天在上、地在下,父尊子卑之类均是。

（三）《说文解字》又引"秘书说"认为,"易"字的部首由上"日"下"月"构成,谓"日月为易",即取日月更迭、交相变易为说。

（四）毛奇龄撰《仲氏易》,略总前人之说,认为"易"兼有"变易"、"交易"、"反易"、"对易"、"移易"五义。所谓"反易",即三国虞翻所言两卦"反对"（卦体相互巅倒）;所谓"移易",即东汉荀爽所言阴阳"升降"（阳爻上升,阴爻下降）;所谓"对易",亦即虞翻所言两卦"旁通"（两卦六爻相互交变）。可见,毛氏多取汉魏《易》家说《易》条例以释"易"名。

（五）吴汝纶《易说》认为,"易"字本指"占卜",古代掌占卜之官亦称为"易"。《周易》为占卜之书,遂取以为书名。

（六）余永梁著《易卦爻辞的时代及其作者》一文（载《历史语言研究所集刊》,1931 年出版）,认为筮法是周人所创,以代替或辅助卜法,较龟卜为简易,以其简易,故名其书曰《易》。此说与上举《周易乾凿度》所云"简易"之义,名同而实异。

（七）黄振华著《论日出为易》一文（载《哲学年刊》第五辑,1968 年 11 月台湾商务印书馆印行）,认为殷代甲骨文"易"字写作:

这一字形象征"日出",上半部尖顶表示初出的太阳,中间弧线表示海的水平线或山的轮廓线,下半部三斜撇线表示太阳的光彩。并谓"日出"体现阴阳变化,故取"易"字为书名,大义亦主于"变易"。

综观以上诸说,立言纷纭。笔者认为,"易"字之义,当就其本义与后起义分别观之。《系辞上传》说:"圣人设卦观象,系辞焉而明吉凶,刚柔相推而生变化。"《下传》也说:"八卦成列,象在其中矣;因而重之,爻在其中矣;刚柔相推,变在其中矣;系辞焉而命之,动在其中矣。"于此可见,"易"之名书本义为"变易",《说文解字》所释因"蜥易"之名而取"变化"之义可从。"易简"、"不变"等义,当为后起之说;而所谓"易"兼有"变易、交易、反易、对易、移易"五义,实皆不出"变易"一义之范围,举"变易"而五义可尽赅。至如以"日月"、"日出"释字形者,其旨不离"变易",并可备为参考。当前,欧美诸国汉学界对《周易》书名的西语意译,多作《变化的书》(The Book of Changes),即是立足于"易"字本义,颇见确切。

要言之,《周易》的命名之义,"周"为代名,"易"为变易。古代文献中引及《周易》,常简称《易》,亦可见"易"字为名书大旨所在。

"六经"之名,起于孔门弟子(本章学诚《文史通义》说),然当时单称某部典籍为"某经"者谅未通行;至西汉初,《周易》被列为学官的"经"书之一,学者遂普遍尊称为《易经》。

第 三 章

谁是《周易》的作者

　　每读一部书,人们总想弄明白这部书是谁写的,也就是明了这部书的作者。关于《周易》的作者,亦非一语所能讲清。这里我们从四方面展开分析。

一、"人更三圣,世历三古"

　　我们既已讲述了《周易》一书的内容及命名之义,读者或许接着要问:这部书的作者究竟是谁? 在甚么时代创作的呢?

　　这是一个颇为复杂的问题。下面我们先介绍古代文献中记载的三个富有传奇色彩的有关《周易》经传作者的故事。

　　其一,龙马负图,伏羲画八卦。

　　相传上古时代,黄河上通天界,河中出现了一条龙马,背上布满神奇的图案;"圣人"伏羲氏见到龙马背上的图案,至为惊奇,就将之临摹下来,便成为后来人所熟知的"八卦"。这是伏羲作八卦的一种传说。

　　其二,周文王重卦并撰卦爻辞。

商末纣(音宙 zhòu)王时代,周伯姬昌(即西周时追号的"周文王")被纣拘囚于羑(音有 yǒu)里。姬昌处忧患之中,结合自身的坎坷遭遇,探研八卦之理,感慨大自然、人类社会的阴阳消长规律,于是将八卦重为六十四卦,并写成卦辞、爻辞各附诸卦、诸爻之下,借以表达对宇宙间万物发展变化、吉凶祸福看法。这就是"文王拘而演《周易》",重《易》六爻,撰写卦爻辞的传说。

其三,孔子喜《易》,撰《易传》十篇。

春秋末年,孔子感叹"礼崩乐坏",以为是"世道衰微,人心不古"所致。于是修订《六经》,以"克己复礼"为任。他对《周易》颇为重视,曾经读《易》"韦编三绝",即在长期研读中把编系《周易》简册的牛皮制的细绳都磨断了三次,足见读《易》用力之勤。他还说:"加我数年,五十以学《易》,可以无大过矣。"(见《论语》)足见他对《易》崇拜之深。因此,孔子在晚年撰写了《易传》十篇,传于后世。这就是孔子作《十翼》的说法。

以上三说,把《周易》经传的作者均已囊括在内。西汉司马迁撰《史记》,即采用此三说以明《周易》之创作。班固撰《汉书》,承司马迁之说,对《周易》的作者问题作了简要的总结。《汉书·艺文志》先引述《系辞下传》伏羲"始作八卦"诸语,又曰:"至于殷、周之际,纣在上位,逆天暴物,文王以诸侯顺命而行道,天人之占可得而效。于是重《易》六爻,作上下篇。孔氏为之《彖》、《象》、《系辞》、《文言》之属十篇。故曰:《易》道深矣,人更三圣,世历三古。"所谓"三圣"、"三古"之义,颜师古注说:"伏羲为上古,文王为中古,孔子为下古。"

"人更三圣,世历三古"的说法,最为汉代学者所接受。

《周易乾凿度》讲到《周易》的作者时,也说:"垂皇策者羲,益卦德者文,成命者孔也。"这种说法,可视为汉儒之通谊。

二、不同的看法及北宋以后的疑古之说

然而,关于《周易》的作者,也并非没有不同看法。自汉至唐,对伏羲作八卦、孔子撰《十翼》之说,人们多信而不疑。而对重卦者及卦爻辞的作者,却有异议。其中重卦者,除以为文王外,尚有三说:一是,王弼认为伏羲画八卦后自重为六十四卦;二是,郑玄认为神农重卦;三是,孙盛认为夏禹重卦。至于卦爻辞的作者,除以为周文王外,尚有一说:认为卦辞文王所作,爻辞周公所作。

关于孔子作《易传》的说法,至北宋欧阳修撰《易童子问》,才第一次提出疑问。欧阳修以敢于疑古的精神,考辨了《易传》七种的内容,指出《文言》、《系辞传》、《说卦传》有相互牴牾之处,而《系辞传》前后文又有自相矛盾之处。故认为《系辞传》、《文言》、《说卦传》、《序卦传》、《杂卦传》不是出自一人之手,未可视为孔子所作。欧阳修所疑,只是《易传》中的五种;而《彖传》、《象传》两种,则仍以为撰于孔子。

自欧阳修以后,疑古学风渐启。以致清人姚际恒《易传通论》、康有为《新学伪经考》等,均认为《易传》非孔子所作。康有为的议论,不但推翻了孔子作《易传》的旧说,并断言《说卦传》、《序卦传》、《杂卦传》三篇为汉人伪作。康氏的说法,带有不少主观臆测成分,但对后来学术界疑古风气的盛行则产生了颇为重要的影响。

本世纪二三十年代间,学术界关于《周易》的作者和创作时代问题的讨论出现了一次热潮,主要倾向是否定汉代学者的说法。其基本观点约可归纳如下:

1. 《周易》"经"部分的作者,顾颉刚、余永梁等人认为非伏羲、文王所作,而是周初作品。李镜池等人认为《周易》编定于西周晚期,与《诗经》时代略同,作者亦非一人。郭沫若认为《周易》之作决不能在春秋中叶以前,当在春秋以后,作者是孔子的再传弟子馯臂子弓。

2. 《易传》的作者,不少人都沿承欧阳修以来"非孔子所作"的观点,郭沫若则进一步推测《易传》中的大部分是荀子的门徒们、楚国人所著,著书时代当在秦始皇三十四年(前213年)以后。钱玄同认为西汉初田何传《易》时,只有上下经和《彖传》、《象传》、《系辞传》、《文言传》诸篇,西汉中叶后加入汉人伪作的《说卦传》、《序卦传》、《杂卦传》三篇。李镜池又对各篇作具体推测,以为《彖传》、《象传》作于秦汉间,《系辞传》、《文言传》作于汉昭帝、宣帝间,《说卦传》、《序卦传》、《杂卦传》作于昭、宣后。(以上所述观点,分别见于:顾颉刚《周易卦爻辞中的故事》,李镜池《周易筮辞考》、《周易筮辞续考》、《易传探源》,郭沫若《周易之制作时代》,钱玄同《读汉石经周易残字而论及今文易的篇数问题》等文。)

此后五十年来,人们又继续对《周易》经传的作者进行了不同角度的探讨,所得结论亦不一致,而较有影响的看法是:卦爻辞作于周初,《易传》作于春秋战国期间,经传作者均非一人,当是经过多人多时加工编纂而成的。

三、"数字卦"的讨论

值得注意的一个问题是，近年来，考古学界对商周时代甲骨文、陶文、金文中的一些原先未解的"奇字"进行了探研，指出这些"奇字"即是当时用数字形式刻写下来的八卦、六十四卦符号，因而认为《易》筮与重卦时代至少应上推至商代，而周文王重八卦为六十四卦的说法也应予以纠正（见张政烺《试释周初青铜器铭文中的易卦》，载《考古》1980 年第 4 期；张亚初、刘雨《从商周八卦数字符号谈筮法的几个问题》，载《考 古》1981 年第 2 期）。

当然，"数字卦"属于在探讨中的问题，能否成为确论，有待学术界的进一步研究。但据《周礼》说："太卜掌《三易》之法，一曰《连山》，二曰《归藏》，三曰《周易》。其经卦皆八，其别皆六十有四。"这里讲的"经卦"，就是三划的八卦符号；"别卦"，就是八卦重叠成的六划的六十四卦符号。郑玄《周礼注》引杜子春云："《连山》，宓（音蜜 mì）羲（即伏羲）；《归藏》，黄帝。"《周易正义序》引郑玄《易赞》及《易论》云："夏曰《连山》，殷曰《归藏》，周曰《周易》。"《玉海》引《山海经》云："伏羲氏得河图，夏后因之，曰《连山》；黄帝得河图，商人因之，曰《归藏》；列山氏得河图，周人因之，曰《周易》。"这些文献记载，说明周代以前即有与《周易》相类似的筮书《连山》、《归藏》，两书的卦形符号均为八卦重成的六十四卦。清人顾炎武依据《周礼》的说法及《左传》所载春秋占筮例，认为重卦应在周以前，"不始于文王"，而周初的卦爻辞写定以后，《周易》才被取名为《易》

（见《日知录》）。这一推论是颇为可取的，并与"数字卦"讨论中提及的"重卦时代至少应上推至商代"的观点有相合之处。

四、对《周易》作者及创作时代的拟议

本章开头说过，《周易》的作者与创作时代是个十分复杂的问题，因此前面从三个不同的角度介绍了有关资料和前人的各种看法，以期读者细为评判、体会。

现在，根据上引诸多材料，我们必须通过冷静、科学的辨析，对这一问题作出正确的拟议。

笔者认为：八卦的出现和六十四卦的创成，当在西周以前的远古的年代；古人称其作者为伏羲、神农、夏禹之类的"圣人"，自然是一种带有崇古、崇圣心理的传说，但此中所涉及的时代范围是可以参考的。那么，既然远在西周以前就产生了以六十四卦符号为基础的筮书，与之相应的筮辞也很可能同时出现了（至少在口头上流传）。《三国志·魏志·高贵乡公传》记载当时的《易》博士淳于俊说过一段话："包羲（即伏羲）因燧皇之图而制八卦，神农演之为六十四卦，黄帝、尧、舜通其变，三代随时质文，各繇其事。"这里所说"各繇其事"，即是推述夏、商的《连山》、《归藏》也各有用以占筮的繇辞。沿此进展，到西周初年产生了一部新编的卦形、卦爻辞井然有序的《周易》，则是于理颇合的。《系辞下传》说："《易》之兴也，其当殷之末世，周之盛德邪？"又说："《易》之兴也，其于中古乎？作《易》者，其有忧患乎？"所谓"殷之末世，周之盛德"、"中古"，皆指商末周初，这正是对《周易》卦爻辞创作时代较为审慎而且

　　商朝末年,纣王执政,西部岐周地域的西伯姬昌(即后来追号的"周文王")被纣王囚禁在羑里。姬昌在忧患之中,全面推演了六十四卦符号,从中悟出许多精深的哲理,并为每卦撰写了卦爻辞,于是便出现了六十四卦卦形与卦爻辞文字相配合的《周易》古经。这就是"文王拘而演《周易》"的故事。

可取的推测。因此，我们可对《周易》卦形和卦爻辞的创作历程作出如下拟议——西周以前的漫长岁月中，古人就已经运用以八卦重成的、类同《周易》六十四卦的符号进行占筮活动，并附有简单的筮辞；到了殷末周初，当时的学者(或筮人)对旧筮书进行一番革故鼎新的改编工作，改编的大致项目可能是：1.使卦形符号规范化；2.确定六十四卦卦序；3.充实卦爻辞文句；4.又经过多时多人的润色、增删，最后编定成卦形体系完整、卦爻辞文句富有形象性的《周易》，其时当为商朝灭亡、周朝鼎盛之际，约公元前 11 世纪。此后，随着《易》书传播日益广泛，及治《易》的学者不断增多，尤其是孔子设教授徒亦涉及《易》学，遂陆续出现了从各种角度阐释《周易》大义的作品，并被学者编为专书传习，这就是汉儒称为《十翼》的《易传》。从《易传》中保留的不少"子曰"云云的言论，以及大部分内容所反映的浓厚的儒家思想，似可说明其作者当与孔子关系至大，若非孔子亲撰，亦当属孔门弟子们依师说而记录整理成篇(适如《论语》二十篇之撰)，而创作时代当在春秋、战国之间。

总之，应该认为《周易》经传的创作经历了远古时代至春秋战国之间的漫长过程，是"人更多手，时历多世"的集体撰成的作品。

第 四 章

读《周易》必须注意哪些基本条例

如果你只是阅读一般的古籍,像《左传》、《诗经》之类,大概除了了解该书的作者、创作背景之外,最主要的工夫应花在训释字词、疏通文义上。

但读《周易》却不同,它不但有"文字"障碍,还有令人头痛的"卦象"障碍。因为《周易》卦爻辞文字是与卦象符号相配合以说明卦爻寓意的,所以不明白卦象就无从读懂卦辞、爻辞。而六十四卦的卦象,又紧密依联于各卦、各爻间错综复杂的变化关系,此中包含着种种有规律性的条例或法则。因此,掌握基本的《易》学条例,是阅读《周易》的一个必要前提。

下面,选择十则重要的《易》例作一些简单分析。

一、阴　　阳

前文说过,在《周易》的卦形符号体系中,"阳"用"—"表示,"阴"用"--"表示。八卦、六十四卦就是以这两种一连一断的符号重叠组合而成的。《周易》六十四卦共有三百八十四爻,其中阳爻一百九十二,阴爻一百九十二,分别喻示自然界或人类社会中的一切"刚"、"柔"物象,体现事物运动变化的发展情状。

《系辞上传》以"一阴一阳之谓道"精炼地概括《易》理本质,《庄子·天下篇》也称"《易》以道阴阳",均是可取的论断。可以说,《周易》的"阴阳"大义,是通过特殊的象征,说明事物在对立统一中发展的哲学原理。朱熹说:"天地之间,无往而非阴阳;一动一静,一语一默,皆是阴阳之理。"(《朱子语类》)这句话,正可作为《周易》"阴阳"喻象贯穿六十四卦的注脚。

二、卦　　时

《周易》六十四卦,每卦各自象征某一事物、现象在特定背景中产生、变化、发展的规律。伴随着卦义而存在的这种"特定背景",《易》例称"卦时"。

六十四卦表示六十四"时",也就是塑造出六十四种特定背景,从不同角度喻示自然界、人类社会中某些具有典型意义的事理。如《泰》卦象征"通泰"之时的事理,《讼》卦象征"争讼"之时的事理,《未济》卦象征"事未成"之时的事理,余可类推。每卦六爻的变化情状,均规限在特定的"时"中反映事物发展到某一阶段的规律。因此,阅读六十四卦,不能不把握"卦时"这一概念。

三、二　　体

六十四卦既由八卦相重而成,故每卦中均包含着两个八卦符号,凡居下者称"下卦"(又称"内卦",《左传》称"贞"卦),凡居上者称"上卦"(又称"外卦",《左传》称"悔"卦)。上下卦合称"二体",或"上下体"。

上下二体可以象征事物发展的两个阶段,下卦为"小成"阶段,上卦为"大成"阶段;又可象征事物所处地位的高低,或所居地域的内外、远近等。

四、爻　　位

六十四卦每卦各有六爻,分处六级高低不同的等次,象征事物发展过程中所处的或上或下、或贵或贱的地位、条件、身份等。六爻分处的六个等级,称"爻位"。

六级爻位的排列,由下至上依次递进,名曰:初、二、三、四、五、上。这是表明事物的生长变化规律,往往体现着从低级向高级的渐次进展。各卦爻位的基本特点,大略可以概括为:"初"位象征事物发端萌芽,义主潜藏勿用;"二"位象征事物崭露头角,义主适当进取;"三"位象征事物功业小成,义主慎行防凶;"四"位象征事物新进高层,义主警惧审时;"五"位象征事物圆满成功,义主处盛戒盈;"上"位象征事物发展终尽,义主穷极必反。当然,这只是括其大要,在各卦各爻的具体环境中,由于种种因素的作用,诸爻又有交复错杂的变化。

旧说或有拟取人的社会地位譬喻爻位的,如认为"初"代表"士民","二"代表"卿大夫","三"代表"侯","四"代表"公","五"代表"天子","上"代表"太上皇"。这种譬喻,也反映出爻位的等级特点,可以备为参考。

五、三 才

我们已经知道,八卦符号各由三画线条组成。古人认为,八卦三画线的下画象征"地",中画象征"人",上画象征"天";合"天"、"地"、"人"而言,谓之"三才"。由八卦重成的六十四卦,各具六爻,若把六爻位序两两并列,也体现着三级层次,所以古人又认为初、二两爻象征"地",三、四两爻象征"人",五、上两爻象征"天",三者亦合称"三才"。《系辞下传》说:"六者非他也,三才之道也";《说卦传》说:"兼三才而两之,故《易》六画而成卦",正是揭明"六爻"配"三才"的条例。这一条例,是从另一种角度观察爻位,也可以表明六爻的高低等级区别。

六、当位、不当位

六爻位次,有奇位、偶位之分:初、三、五为奇位,亦称"阳"位;二、四、上为偶位,亦称"阴位"。六十四卦三百八十四爻,凡阳爻居阳位,阴爻居阴位,均称"当位(亦称"得正"、"得位")";凡阳爻居阴位,阴爻居阳位,均称"不当位"(亦称"失正"、"失位")。

"当位"之爻,象征事物的发展遵循"正道"、符合规律;"不当位"之爻,象征背逆"正道"、违反规律。但当位、不当位亦非诸爻吉凶利弊的绝对标准,在各卦各爻所处的复杂条件、因素的影响下,得正之爻有转向不正的可能,不正之爻也有转化成正的可能。所以,爻辞中常常有警醒"当位"者守正防凶之例,以及诫勉"不当位"者趋正求吉之例。

七、中

六爻所居位次,第二爻在下卦三爻的中位,第五爻在上卦三爻的中位,这两者象征事物守持中道、行为不偏,《易》例称"中"。

凡是阳爻居中位,象征"刚中"之德;阴爻居中位,象征"柔中"之德。如果阴爻处二位(阴位),阳爻处五位(阳位),则是既"中"且"正",称为"中正",这在《易》爻中最具美善的象征。《周易》强调"中"的思想,与先秦儒家所极力崇尚的"中庸"之道,正相吻合。

八、承、乘、比、应

在《易》卦六爻的相互关系中,由于诸爻的位次、性质、远近距离等因素,常常反映出承、乘、比、应的复杂现象。

凡下爻紧靠上爻叫做"承",就是以下承上的意思。《易》例侧重揭示阴爻上承阳爻的意义,即象征卑微、柔弱者顺承尊高、刚强者,求获援助。此时爻义必须视具体情状而定,大略以阴阳"当位"之爻相承为吉,"不当位"的相承多凶。

凡上爻高凌下爻叫做"乘",就是以上凌下的意思。《易》例以阴爻乘阳爻为"乘刚",象征弱者乘凌强者、"小人"乘凌"君子",爻义多不吉善。但阳爻居阴爻之上则不言"乘",认为是理之所常。由此可以看出《周易》"扶阳抑阴"的思想。

　　凡六爻之间逐爻相连并列者叫做"比",就是两相比邻的意思。如初与二比,二与三比,三与四比,四与五比,五与上比即是。两爻互比之际,也体现着"承"、"乘"现象。例如,初六与九二相比,则初以阴承阳;九二与六三相比,则三以柔乘刚。爻位互比的关系,象征事物处在相邻环境时的作用与反作用,往往在其他因素的交互配合下影响爻义的吉凶。

　　凡六爻之间,处在下卦的三爻与处在上卦的三爻皆两两交感对应,叫做"应"爻。具体说,就是初爻与四爻交应,二爻与五爻交应,三爻与上爻交应。对应之爻一阴一阳的,可以两相交感,称为"有应";如果两者俱为阴爻,或俱为阳爻,必不能交感,称为"无应"。这种"有应"、"无应"之例,与现代物理学中"同性相排斥,异性相吸引"的法则十分类似。爻位对应的关系,象征事物矛盾、对立面存在着谐和、统一的运动规律。

　　要是我们每个人都注意观察自身在社会生活中的各种处境,细致分析自己与亲朋、父兄、同学、上级、下属等之间的关系,便可以发现许多类似于承、乘、比、应的情状,甚至可以结合《周易》旨趣悟出不少道理。就《易》学而言,《易》卦六爻位次之间的承、乘、比、应,是《周易》爻象变动过程的四方面要素,也就是从四种角度象征事物在复杂环境中变化发展的或利或弊的外在条件,以及在一定条件制约下的某些规律。

九、互　　卦

《易》卦六爻之间,除初爻、上爻外,中四爻又有相连互交的卦包涵其间,称为"互卦"。其中二、三、四爻合成一个三画卦,称为"下互";三、四、五爻又合成一个三画卦,称"上互"。这样,"上互"、"下互"相组合,便构成另一个六画卦。下面举《屯》卦(䷂)为例:

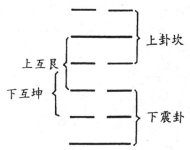

可见,《屯》卦由下震、上坎组成,中间四爻涵有下互坤(☷)、上互艮(☶),上下互便合成《剥》(䷖)卦。"互卦"条例,是《周易》六十四卦卦形的构成特征之一。《左传》、《国语》所载《易》说,常常涉及"互卦";汉代人解《易》,也多沿承"互卦"之例。

十、卦　　主

《周易》六十四卦的每卦六爻中,有为主之爻,叫做"卦主"。卦主有两种类型,一是"成卦之主",即该卦所由以成的主爻。此类卦主不论爻位高下,其德善否,只要全卦意义因之

　　春秋后期,孔子感叹世道衰微,礼崩乐坏,便潜心著述,
修订《六经》,教授生徒,成为中国古代伟大的教育家、思想
家。他晚年尤喜研究《周易》,读《易》之勤乃至把编系书简的
"韦线"(牛皮制的细绳)磨断了多次。据说他晚年写了十篇
论《易》专著,就是后代连经并行的《易传》(即《十翼》)。这便
使他成为《易》学史上继伏羲、文王之后的第三位圣人。

而起,则皆得为卦主。比如《夬》(䷪)卦,上六一阴高凌于上,被五阳所决除,全卦含"君子决除小人"之义,而上六即为"成卦之主"。二是"主卦之主",即该卦六爻中最完美的主爻。此类卦主必是爻德美善、得位得时者当之,故各卦第五爻多为主卦之主,他爻亦间或有之。比如《乾》(䷀)卦的第五爻"九五",阳刚盛美,有"飞龙在天"之象,即为主卦之主。六十四卦的《象传》,往往揭示出卦主所在。

上面所列十则《易》学条例,是最为基本、最须注意的,初读《周易》者应结合研讨六十四卦而细加体会。至于历代《易》家总结出来的《易》例,颇为繁多,有志于深研《易》义的读者,还可以广泛取为揣摩辨析,去非存是,必将大有益处。

第 五 章

怎样理解《周易》的性质

人们在读一本书的同时,总是先要弄明白一个最基本的问题:这究竟是一部甚么类型、甚么性质的书呢? 是化学书,还是物理书? 是文学书,还是宗教书?

这种问题,对其他书来说,或许是不成问题的问题。然而,对于《周易》,却不是一两句话所能讲明白的。

关于《周易》的性质,历史上也有争论。争论的焦点是:或以为《周易》是一部占筮书,或以为是哲学著作。这一问题牵涉到对《周易》经传大义的认识,因此,这里也分"经"、"传"两部分略作剖析。

一、《周易》"经"部分的性质

前面说过,《周易》的"经"部分包括六十四卦卦形和卦爻辞。卦形、卦爻辞创成之后,其最突出的应用是占筮。《周礼》说:"太卜掌《三易》之法",所谓"太卜",便是专司占卜的官。再从《左传》、《国语》所记载的春秋时代用《周易》占筮的诸多例子看,也足以印证这一事实。

　　这么说,"《周易》是一部占筮书"的观点岂非毋庸置疑了?但问题未必如此简单。事实上,古代的占筮,往往与军政大事密切相关,天子、诸侯的政治、军事措施,有时必须取决于卜官的占筮结果;而且,在占筮过程中,真正影响人们思想,左右人们行动的关键因素是筮书所表露的哲学内涵。换言之,要是抽掉了《周易》内在的哲学意义,则其书必不可能成为古代"太卜"所执掌的上层统治阶级奉为"圣典"的重要书籍。因此,南宋朱熹虽然极力强调"《易》本为卜筮而作",却也不曾抹煞其哲学蕴意,认为"孔子恐义理一向没卜筮中,故明其义"(《朱子语类》)。就是说,孔子怕世人只知道用《周易》占筮,不晓内中哲理,才写了《易传》十篇来揭明《易》义。清人皮锡瑞撰《经学通论》,也不同意把《周易》看成简单的"筮书"。认为八卦、六十四卦符号及卦爻辞均寓含"义理",而《易传》作者只是把这些"义理"作了更加鲜明、更加切近"人事"的阐发。这种认识是较为客观的。其实,倘若《周易》的卦形、卦爻辞没有内在的哲学性质,无论哪一位"圣人"都无法凭空阐发出其中的"义理"来。所以,我们必须认识到,尽管《周易》的最初出现是以卜筮为用,但其内容实质却含藏着深邃的哲学意义。

　　不过,仅据上文的概要叙述,还不足以辨明《周易》"经"部分的性质。要弄清这一问题,尚须认真分析《周易》六十四卦的大义。通过分析,我们不难发现,自从代表阴阳观念的爻画产生之日开始,《周易》哲学就奠下了符号象征的基础,或者说出现了最初的萌芽因素;而当八卦重成的独具体系的六十四卦及卦爻辞创成、编定之后,《周易》的象征哲学就完全显示出奇异的思想光华。这一点，前文叙及《周易》经传内容时已稍有提到。下面，试举一些例子从四方面略为印证。

（一）从整体角度看，六十四卦是六十四种事物、现象所寓义理的组合，各自喻示着特定环境、条件下的处事方法、人生哲理、自然规律等。如《乾》卦象征"天"，喻示"刚健"气质的发展规律。《坤》卦象征"地"，喻示"柔顺"气质的客观功用。《屯》卦象征"初生"，喻示事物"草创"之际排除艰难而发展的情状。《蒙》卦象征"蒙昧"，喻示事物蒙稚之时"启蒙发智"的道理。其余诸卦无不如是，均喻示某种具体的事理；而六十四卦的旨趣，又共同贯穿会通，展示作者对自然、社会、人生在运动变化中发展规律的基本认识，并反映着颇为丰富的哲学意义。

（二）分别各卦来看，六十四卦任何一卦六爻之间在"义理"上的联系，正是某种事物、现象的变动、发展规律的象征性表露，也是一卦哲学内容的具体反映。举《师》卦为例，此卦的卦形作"☷"，全卦象征"兵众"；六爻交互组合，共同阐明用兵的规律：

第一爻"初六"，阴柔处下，为"用兵"初始之象。爻辞说"师出以律，否臧凶"，"否臧"犹言"不善"，意思是："兵众出发要用法律号令来约束，军纪不良必有凶险"。这是极言严明军纪的必要性。

第二爻"九二"，阳刚处中，上应第五爻"六五"，为率兵主帅之象。爻辞说"在师中吉，无咎，王三锡命"，意思是："统率兵众，持中不偏可获吉祥，必无咎害，君王多次奖赏而委以重任。"这是揭明主帅成功的条件。

第三爻"六三",处下卦之上,阴柔失正,为力微任重、贪功冒进之象。爻辞说"师或舆尸,凶",意思是:"兵众时或载运尸体归来,有凶险。"这是陈述出师失利败绩的教训。

第四爻"六四",处上卦之下,柔顺得正,为谨慎用兵之象。爻辞说"师左次,无咎","左次"犹言"撤退",意思是:"兵众撤退暂守,不致咎害。"这是说明用兵有时必须退守的情状。

第五爻"六五",柔中居尊,为有德"君主"慎于用兵之象。爻辞先说"田有禽,利执言,无咎",意思是:"田中有禽兽,利于捕取,无所咎害";又说:"长子帅师,弟子舆尸,贞凶",意思是:"委任刚正长者可以统率兵众,委任无德小子必将载尸败归,要守持正固以防凶险。"这是模拟"君主"的身份、地位,申言用兵必须适时及谨慎择将的道理。

第六爻"上六",柔居卦终,为班师归来之象。爻辞说:"大君有命,开国承家,小人勿用","开国承家"犹言"封侯,封大夫",意思是:"天子颁发命令,封赏功臣为诸侯大夫,小人不可重用。"这是体现出师凯旋,论功行赏的法则。

上列六则爻辞,皆是用简要的语言、譬喻的手法展示六爻大义,从"兵众"初出到收兵归来,分别体现了用兵的各方面要旨或规律;其中贯穿一体、相互联系的本质意义,则是强调"师"以"正"为本。这就是卦辞所概括的"师贞,丈人吉,无咎","贞"犹言"正",意思是:"师卦象征兵众:应当守持正固,贤明长者统兵可获吉祥,必无咎害。"若进一步分析六爻的哲学内涵,我们可以从爻辞中所反映的胜败、进退、利弊、得失的种种喻象,领会出作《易》者所流露的早期军事思想的辩证因素。可见,卦辞提纲挈领的概括,与六爻爻辞互为联系的分述,揭示出一卦卦象、六爻爻象的象征本旨:卦爻的义理因之而显,全卦的哲学内容也由此得以体现。纵观《周易》六十四卦,均同此例。

(三)若将有关卦义两两相互比较,又可以发现六十四卦的哲理十分突出地反映着事物对立面矛盾转化的变动规律。如《乾》、《坤》两卦,象征"刚健"与"柔顺"的对立转化;《泰》、《否》两卦,象征"通泰"与"否闭"的对立转化;《损》、《益》两卦,象征"减损"与"增益"的对立转化,等等。不仅卦与卦之间如此,在一卦的具体爻象中,也往往喻示着某种事物转化的哲理,各卦的上爻多譬喻物极必反的意旨,即是最显著的例证。

(四)用综合分析的方法考察,《周易》六十四卦的内容又涉及作者对所处时代的思想意识形态各领域的多方面认识。其中有反映作者政治思想的,如《同人》卦流露的对"天下和同"理想的追求,《革》卦含藏的"革除弊政"的愿望等。有反映作者伦理思想的,如《家人》、《归妹》卦表示的对家庭结构、男婚女嫁的问题的看法等。有反映作者经济思想的,如《节》卦喻示的"节制"观念,《贲》(贲,音必 bì)卦阐明的"质朴"主张等。有反映作者法制思想的,如《讼》、《夬》卦关于"争讼"和"决除邪恶"问题的阐述,等等。总之,无论哪一方面思想的反映,都建立在变化哲学的基础上。具体说,六十四卦纷繁复杂的内容,尽管涉及面十分广泛,却集中体现着统一的哲学原理:阴阳变化的规律。程颐有几句话说得好:"六十四卦、三百八十四爻,皆所以顺性命之理,尽变化之道也。散之在理,则有万殊;统之在道,则无二致。"(《二程集·易序》)这里所说的"变化之道",事实上就是《周易》哲学思想的核心。

应当指出,六十四卦的哲理,是通过"象征"形式表现出来的。《系辞下传》说:"《易》者,象也";《左传》昭公二年载:"晋侯使韩宣子来聘,见《易象》与《鲁春秋》。"这是现存文献中最早视《周易》为"象"的例证。六十四卦的卦形、爻形,以及相应的卦辞、爻辞,均是特定形式的"象征"。前者依赖卦爻符号的暗示,后者借助卦爻辞文字的描述——两者相互依存,融会贯通,共同喻示诸卦诸爻的象征义理。王弼说:"触类可为其象,合义可为其征。"(《周易略例·明象》)项安世说:"凡卦辞皆曰象,凡卦画皆曰象;未画则其象隐,已画则其象著。"(《周易玩辞》)"画",就是卦形、爻形。这两说分别指出《易》象触类旁通,以及文辞与卦形相辅而明"《易》象"的特点。那么,我们在研读《周易》六十四卦的过程中,必须细致把握这种象征规律,才能透过卦形、卦爻辞的外在喻象,领悟其内在的哲学涵义。

根据上文对六十四卦哲学意义的简要分析,我们应当看到,《周易》的占筮,仅仅是古人对六十四卦义理的一方面运用。《周易》的象征,是其书哲学内容的基本表示形式。而贯穿全书的反映事物对立、运动、变化规律的思想,则是六十四卦哲理的内在精华。因此,《周易》的"经"部分,虽以占筮为表,实以哲学为里,应视为一部独具体系的哲学著作。

二、《易传》的性质

《易传》七种的性质,人们比较一致认为是一组颇有深度的哲学著作。对《易传》思想的归纳,近人作过一些尝试。如张立文将其归为六点,曰:政治思想、唯物主义的自然观、朴素

公元前二百多年,秦始皇兼并六国,统一了天下。当时,他把秦国以外的书籍,尤其是儒家经典全数焚烧,只留下种树、农耕、医药、占卜等类的书不烧。当时《周易》被列为"占卜"类书籍,所以没有遭受秦火之厄,被完整地保留下来。

辩证法思想、唯物主义认识论、道德伦理思想、社会进化的历史观等(《周易思想研究》,湖北人民出版社 1980 年出版)。张岱年将其归为三点,曰:本体论学说、辩证法思想、人生理解与政治观点等(《论易大传的著作年代与哲学思想》,载《中国哲学》第一辑,三联书店 1981 年出版)。其他论著尚多,这里不烦赘引。诸说归纳分析的方法、角度虽不尽同,但均肯定《易传》丰富的思想价值。

然而,读者尚须明确一点,《易传》哲学思想的一个重要特色,是建立在对《周易》经义的阐释、发挥的基础上。因此,其中有相当一部分思想内容,如关于阴阳矛盾、事物运动变化的辩证观念,关于以"乾""坤"为本的宇宙生成说,乃至关于政治、伦理、道德各方面的观点,常常是六十四卦大义的直接引申,与"经"的本旨是无法割裂的。诚然,也有不少内容是《易传》作者的独特见解,但仍然是在阐"经"过程中得出的。朱熹论《系辞传》说:"或言造化以及《易》,或言《易》以及造化,不出此理。"(《朱子语类》)即是认为《系辞传》作者在解《易》的同时,泛及自然界的发展规律,以体现其哲学观点。这一看法用来说明整个《易传》,似也大略适合。可以说,没有"经"的哲学基础,就没有"传"的思想体系;有了"传"的推阐发挥,"经"的哲学就更加显明昭著。所以,《易传》七种的性质,应当视为一组以阐解《周易》经义为宗旨的富有鲜明思想观点的哲学著作。

当然,六十四卦义理和《易传》思想,是不同时代的产物,其内容与价值必须结合特定的历史背景进行具体深入的考察,才能得出全面、科学的结论。但通过上文的简单分析,我们可以对《周易》全书的性质作出如下认识：包括经传在内的《周易》一书，由于其早期部分内容诞生之古远，及其核心思想意义之深邃，不能不视为我国古代最早的一部特殊的哲学专著。

第 六 章

八卦有哪些象征意义

读《周易》的人，往往最先对八卦产生兴趣。"八卦"这一概念，从古至今几乎是家喻户晓，妇孺皆知。在旧时代，孔子的庙堂上有八卦，街头算命先生的招牌上有八卦，甚至寻常人家墙上挂的神符里也有八卦。因此，八卦便伴随着浓厚的神秘色彩在中国流传了数千年而未衰；这也说明《周易》在中国文化史上的影响所及，上至高层意识形态领域，下至低层百姓的心理建构，可谓囊括周致，无所不达。

虽然人们对八卦熟闻习见，但多数只是知其名、认其形，而不知其实、不明其义。有的人仅仅是把它当作神符一样的崇拜物供奉着，这就更不足道了。对读《易》、研《易》的人来说，则务必要用科学的精神，认真考察八卦的各方面象征寓意，弄清它们在六十四卦中的作用，才能真正把《周易》读懂、研究透彻。

前面在讲述《周易》的内容时，笔者已经把八卦的形体、卦名、基本象征物、特定的象征意义等问题作了扼要介绍。这里，将结合这些问题及八卦所具备的更广泛的象征外延进行具体评析。

一、八卦象征的取象依据

我们已经知道,八卦的基本象征物是拟取天、地、雷、风、水、火、山、泽这八种物象。为什么要这样拟取呢?也就是为何用三条阳画代表天,三条阴画代表地,以及用其他六种形式代表雷、风、水、火、山、泽呢?下面我们不妨试为探讨这种基本象征物取象的客观依据。

(一)乾(☰),叠三阳,象征阳气上升为"天"。古人认为,"天"是轻清明澈的阳气升浮而形成的,故以三阳相叠为"天"之象。《淮南子·天文训》说:"宇宙生气,气有涯垠,清阳者薄靡而为天。"由此可以看出古代人对"天"这一自然物象的认识。

(二)坤(☷),叠三阴,象征阴气下凝为"地"。古人认为,"地"是重浊浑沌的阴气沉聚而成的,故以三阴相叠为"地"之象。《黄帝素问》说:"积阴为地,故地者浊阴也。"由此可以看出古代人对"地"这一自然物象的认识。

(三)震(☳),上两阴下降,下一阳上升,象征阴阳冲突,爆发为"雷"。《淮南子·地形训》说:"阴阳相薄为雷",可见古人认为"雷"是阴阳二气交相冲突而产生的,故以此形为"雷"之象。

(四)巽(☴),二阳升腾于一阴之上,象征"风"行地上。卦下一阴象"土",上二阳象"风气",故《庄子》说"大块噫气,其名为风",可见古人对"风"之产生的认识,故以此形为

"风"之象。

（五）坎（☵），上下为阴，中蓄一阳，象征"水"以阴为表，内中却蕴藏着阳质。《说文解字》释"水"字说："象众水并流，中有微阳之气"，《周易集解》引宋衷云："坎，阳在中，内光明，有似于水。"由此可见古人对"水"这一自然物质的认识，故以此形为"水"之象。现代科学证明，水分子含有一个氧原子和两个氢原子(H_2O)，氢、氧均是可燃之物。这与坎中包含阳气之象颇为妙合。

（六）离（☲），上下为阳，中蓄一阴，象征"火"以阳为表，内中却蕴藏着阴质。《淮南子·说林训》说"火中有水"，《周易集解》引崔憬云"取卦阳在外，象火之外照也"。由此可见古人对"火"这一物象的认识。今天我们观察火的燃烧无不伴随着其中水气的散发亦可证明，故古人以此形为"火"之象。

（七）艮（☶），上为阳，二阴蓄其下，象征"山"上表层凝有坚石，下含丰厚的湿土。《春秋说题辞》说："阴含阳，故石凝为山"，又说："山之为言宜也，含泽布气调五神也。"这是古人对"山"这一物象的认识。今天我们看到山，尚可感觉到它的上层虽高拔刚健，下层却藏有大量阴气以滋润草木，故古人以此形为"山"之象。

（八）兑（☱），上为阴，二阳蓄其下，象征"泽"外表为阴湿之所，下层却含有大量阳气。《周易集解》引宋衷云："阴在上，令下湿，故为泽"。凡泽面阴湿，泽下必蕴蓄许多热气；今天有通过泥沼发酵产生"沼气"的科学实践，也可以印证此理。故古人以此形为"泽"之象。

上面将八卦所拟取的八种基本象征物的取象客观依据作

了尝试性的分析,可借以了解古人创作八卦的思维状态。但远古时代,人们对事物的观察多是从直觉出发,有些认识就现在看来似乎科学性是不够的,如"阳气上聚为天"、"阴气下凝为地"的天体观,但其中所潜藏的科学内涵却是不可低估的。因此,古人的某些认识虽看起来掺杂着牵强或臆测的成分,却仍有不少是合理的思维,甚至是值得今天的人去认真深入领会或理解的精深思想。至少,从这里我们应当看到,古人以八卦模拟八种基本物象,是经过深刻的思考,并具有充分的客观依据。

二、八卦特定的象征意义

我们还知道,八卦除了拟取八种基本物为象征之外,又各有特定的象征意义。下面也略作简单分析。

(一)乾,象征意义为"健"。因为古人觉得"天"是运行不止的,四季寒暑周转不息,故称它有"刚健"之义。

(二)坤,象征意义为"顺"。因为古人觉得"地"是宽厚载物的,承受万物巨细不遗,故称它有"柔顺"之义。

(三)震,象征意义为"动"。因为"雷"声奋起振动万物,故称它有"震动"之义。

(四),巽,象征意义为"入"。因为"风"行天下无隙不入,故称它有"顺入"之义。

(五)坎,象征意义为"陷"。因为"水"流所至地陷生险,故称它有"险陷"之义。

(六)离,象征意义为"丽","丽"犹言"附着"。因为"火"

的燃烧必依附于燃料,故称它有"附着"之义。

(七)艮,象征意义为"止"。因为"山"峰屹立静止不动,故称它有"静止"之义。

(八)兑,象征意义为"说","说"在古文字中与"悦"字同。因为"泽"润所及万物欣悦,故称其有"欣悦"之义。

三、八卦的象征外延

八卦有八种基本象征物和特定的象征意义,已如上述。在《周易》卦象的具体应用中,八种象征意义是大体不变的,而八种象征物却可以在不离其义的原则上有所变更、依类博取。比如乾取天为象征物,也可以取"马"、"君"、"父"为象征物,其意义都是"刚健"。坤取地为象征物,也可以取"牛"、"臣"、"母"为象征物,其意义都是"柔顺",等等。这一点,《易传》中的《说卦传》记述颇详,下面选择主要者作一简介。

(一)八卦取"父母子女"为象征。

在这组象征体系中,乾象征"父",坤象征"母",震象征"长男",巽象征"长女",坎象征"中男",离象征"中女",艮象征"少男",兑象征"少女"。这八种象征,前人又合称为"乾坤六子"。

(二)八卦取"人体"为象征。

在这组象征体系中,乾象征"首"(头),坤象征"腹",震象征"足",巽象征"股"(大腿),坎象征"耳",离象征"目"(眼),艮象征"手",兑象征"口"。

(三)八卦取"动物"为象征。

在这组象征体系中,乾象征"马",坤象征"牛",震象征

"龙"，巽象征"鸡"，坎象征"豕"，离象征"雉"，艮象征"狗"，兑象征"羊"。

《系辞上传》指出：古人创作八卦的时候，曾经广取众多的物象作象征，不但取"天文"、"地理"之象，甚至"近取诸身，远取诸物"。我们看看上面所举的八卦象征物例，确实是既包含人类自己的"身体"，又包括各种各样的动物。

除此之外，八卦所取的象征物例尚多。如乾又可以象征"金"、"玉"、"大赤"（朱红色）；坤又可以象征"釜"（锅）、"均"（平均）、"舆"（大车）；震又可以象征"旉"（花朵）、"大涂"（大路）、"萑(音还 huán)苇"（芦荻）；巽又可以象征"木"、"白"（白色）、"臭"（气味）；坎又可以象征"沟渎"、"隐伏"、"矫輮"（弯曲）；离又可以象征"日"（太阳）、"甲胄"、"蚌"；艮又可以象征"门阙"、"指"（手指）、"鼠"；兑又可以象征"巫"（巫师）、"口舌"、"毁折"（毁谤），等等。

如果读者细心品味上举八卦的诸多象征物，不难发现，它们与八卦的八种特定的象征意义多能符合。当然，《说卦传》中记载的卦象，也有一些甚难索解其义，这或许是时代久远，旧说失传的缘故，不妨留待学术界作进一步探讨。

四、八卦的方位象征

八卦还用以代表八种方位，这也是其象征外延的一部分。但因宋代人对此作有特殊的解说，颇有影响，所以这里特立专节叙述。

　　西汉初期的学者丁宽,曾向陕西的经师田何学习《周易》。学成之日,老师告诉他:你可以回河南了。于是丁宽东归,田何向其他学生们说:"《易》以东矣!"意思是赞叹丁宽带着他的《周易》学问东去而产生良好的学术影响,后来丁宽又培养了很多著名的学生,被尊称为"《易》祖师"。

（一）"乾南坤北"方位

这种方位,以乾代表南方,坤代表北方,离代表东方,坎代表西方,兑代表东南方,震代表东北方,巽代表西南方,艮代表西北方。在这种方位中,我们还应当特别注意到一个问题,即在八卦每一卦中都配上一个数字,这是从一至八的数字,这八个数字,前人也称为先天八卦之数——乾一,兑二,离三,震四,巽五,坎六,艮七,坤八。其卦配数之所由,若从邵雍"三横图"上来看,是很明显的,它完全展示了"太极生两仪,两仪生四象,四象生八卦"的自然程序,也就是"一生二,二生四,四生八"的过程。朱熹将之称为"一分为二"之序。这八个卦数的作用,最主要之处体现于两点:一是足以十分直观地显示从乾到坤(从一到八)的排列顺序之所以然,二是足以理解后世托名邵雍所作《梅花易数》中的"先天数"之奥妙。因此,这两层作用是我们研读"乾南坤北"方位的不可忽视的要点。这一方位可以图示如下:

宋代《易》学家根据《说卦传》"天地定位，山泽通气，雷风相薄，水火不相射"几句话制定此图，并认为这是伏羲作八卦时就已经如此排列，因此把它称作"伏羲八卦方位"，又称"先天八卦方位"。

（二）"离南坎北"方位

这种方位，以离代表南方，坎代表北方，震代表东方，兑代表西方，巽代表东南方，艮代表东北方，坤代表西南方，乾代表西北方。这一方位可以图示如下：

《说卦传》在"帝出乎震"一节记载上述方位，宋代《易》学家据以制定此图，并认为文王时代曾将八卦作如此排列，因此把它称作"文王八卦方位"，又称"后天八卦方位"。"后天八卦方位"相对于"先天八卦方位"来说，其卦位的外在表现形式不如"先天方位"丰富，亦即在一般情况下"后天方位"不显示"卦数"特征，而这一点恰恰是"先天八卦"十分突出的关键之所

在。因此,我们在接触这两种方位的同时,应当带着这一观念进行细心的考究,然后尽可能深刻地去感悟其中的细微差异。

这两种八卦方位,宋人以为"先天"是"自然"之位,"后天"是"入用"之位,经过他们的揭示传播,对后代影响甚广。人们在许多旧器物、建筑物上常常可以发现这两种方位的八卦图案。

经过上面介绍,我们明白,八卦的象征范围十分广泛。这些众多的象征物,似乎是在古代人们运用《周易》占筮的过程中逐渐扩充、发展起来的。以至两汉人讲解《周易》卦爻辞,几乎句句字字都要牵引卦象以为说,出现不少流弊。但尽管如此,八卦的象征在《易》学中的重要作用却是不可忽视的。尤其是八卦的八种基本象征物及八种特定的象征意义,在六十四卦的哲理中处处涉及,读者务须熟练掌握,才能正确地理解六十四卦的拟象规律。

第 七 章

如何领会六十四卦的拟象原理

明白了八卦的象征特色之后,读者紧接着要了解的是六十四卦的拟象原理。换一句话说,就是八卦的象征怎样被运用到六十四卦中去?怎样在六画的卦形符号中产生新的象征意义?

带着这个问题,我们将与读者按《周易》的卦序共同逐一浏览六十四卦,以期对各卦的象征要义有一个初步的、整体性的理解。

一、《乾》卦

上下皆由"乾(☰)"组成,六画均是阳爻,卦形作"䷀",所以朱熹称此卦为"阳之纯而健之至也"(《周易本义》)。卦形拟取两个"乾"(天)为象,象征"天"的运行周转不息。而在"天"的运行中起主导作用的又是万物赖以创始的"阳气",故全卦揭示具有开创气质的阳刚元素的发展变化规律,以明创造宇宙万物的本始力量。

二、《坤》卦

上下皆由"坤"（☷）组成，六画均是阴爻，卦形作"䷁"，所以朱熹称此卦为"阴之纯，顺之至"（《周易本义》）。卦形拟取两个"坤"（地）为象，象征"地"柔顺宽厚。而"地"在配合"天"生成万物中起关键作用的是辅助"阳气"的"阴气"，故全卦揭示具有顺柔气质的阴柔元素的发展变化规律，以明创造宇宙万物的第二种力量。

三、《屯》卦

《屯》卦，"屯"音谆 zhūn。由下震（☳）上坎（☵）组成，卦形作"䷂"，象征"初生"。"屯"字的篆书形态正如草木破土萌生而艰难之状，许慎《说文解说》定其为象形字，谓："象草木之初生，屯然而难"，故卦名取为"初生"之义。上卦"坎"为水，代表未成雨的"乌云"，下卦"震"为雷。上下卦拟象乌云雷声交动，将雨未成的情状，譬喻事物"初生"时颇为艰难。全卦大旨在阐明事物初创多艰的同时，勉励人们要掌握"草创"之时的发展规律而进取。

四、《蒙》卦

由下坎（☵）上艮（☶）组成，卦形作"䷃"，象征"蒙稚"。上卦"艮"为山，下卦"坎"为水。犹如高山下流出泉水，喻示渐启蒙稚、日趋聪慧。全卦义旨是揭明"启蒙发智"的道理,其中既有为师之道,又有求学之道,反映了作《易》者一定程度的教育思想。卦中的《象传》还十分明确地提出"蒙以养正,圣功也"的观点,认为启发蒙稚是培养"圣人"之功。今天尚在使用的词语"童蒙"、"启蒙",其典故就出自本卦。

五、《需》卦

由下乾(☰)上坎(☵)组成,卦形作"䷄",象征"需待",就是"等待"的意思。上卦"坎"为水,代表"云气",下卦"乾"为天。上下卦拟象云气上集于天,待时降雨,喻示"需待"之义。全卦阐明事物在发展过程中当耐心待时的道理。

六、《讼》卦

由下坎(☵)上乾(☰)组成,卦形作"䷅",象征"争讼"。上卦"乾"为天,下卦"坎"为水。天西转,水东流,两者背道而行,喻示事物不和睦而"讼"。全卦展示了置身讼事、审理讼事时必须明了的有力间规律或道理,重在诫人止讼免争。

七、《师》卦

由下坎(☵)上坤(☷)组成,卦形作"䷆",象征"兵众"。上卦"坤"为地,下卦"坎"为水。水源聚藏地下,喻示"兵众"蓄于百姓之中。全卦阐发行师、择将、进退等各方面用兵规律,含有某些可资借鉴的古代军事思想的因素。

八、《比》卦

由下坤(☷)上坎(☵)组成,卦形作"䷇",象征"亲密比辅"。"比"字意思是"排比"、"并列",故卦名取为"比辅"之义。上卦"坎"为水,下卦"坤"为地。地上布满水,水、地相亲无间,故喻示"亲密比辅"的情状。全卦展示事物上下、彼此之间相亲相比的道理,其主要义旨涉及人与人的关系这一具有普遍意义的问题。

九、《小畜》卦

由下乾(☰)上巽(☴)组成,卦形作"䷈",象征"小有畜聚"。卦名中的"小"字犹言"微小"、"柔小","畜"字犹言"畜聚"、"畜止",所以"小畜"两字意思是阴柔者小有畜聚。上卦"巽"为风,下卦"乾"为天。和风飘行天上,微畜未发,故喻示"小有畜聚"的情状。全卦揭示事物发展过程中"小畜大"、"阴畜阳"的道理,反映了特定条件下阴阳力量之间制约与被制约的某方面规律。

十、《履》卦

由下兑(☱)上乾(☰)组成,卦形作"䷉",象征"小心行走"。"履"字古义通"礼",故此卦之旨在于戒人循礼小心行走。卦象上乾为天，下兑为泽。上下高低之位正，遂用以表明人亦当辩尊卑之礼而行之。唯其善处其身，行不违礼，才能履危而安。

十一、《泰》卦

由下乾(☰)上坤(☷)组成，卦形作"䷊"，象征"通泰"。上卦"坤"为地，下卦"乾"为天，天居地下，犹如天地、阴阳、上下交通融合，喻示"通泰"景象。全卦揭明只有上下交应、阴阳相融，才能导致事物"通泰"及和美昌盛的规律。

十二、《否》卦

由下坤(☷)上乾(☰)组成，卦形作"䷋"，象征"否闭"。上卦"乾"为天，下卦"坤"为地。天居上、地在下，犹如天地、阴阳、上下两不交合，喻示"否闭"景象。全卦揭示事物对立面之间不相应和、阴阳不合的情状，并指明转"否"致"泰"的途径。

十三、《同人》卦

由下离(☲)上乾(☰)组成，卦形作"䷌"，象征"和同于人"。上卦"乾"为天，下卦"离"为火。天在上、火亦炎上，为两相亲和之象，喻示"和同于人"的情状。全卦揭示人们之间应以正道和睦共处的道理，与古代的"大同"理想有相通之处。

十四、《大有》卦

　　由下乾(☰)上离(☲)组成,卦形作"䷍",象征"大获所有"。上卦"离"为火,下卦"乾"为天。火在天上,无处不照,喻示"大获所有"的情状。全卦揭明事物在昌盛 富有之时,如何善处其时、长保所有的规律。

十五、《谦》卦

　　由下艮(☶)上坤(☷)组成,卦形作"䷎",象征"谦虚"。上卦"坤"为地,下卦"艮"为山。高山低处在地下,喻示"谦虚"的情状。全卦盛赞谦虚的美德,并指示人处"谦"之道以及通过"谦虚"获得吉善的义理。

十六、《豫》卦

　　由下坤(☷)上震(☳)组成,卦形作"䷏",象征"欢乐"之义。上卦"震"为雷,下卦"坤"为地。雷动地上、万物振奋,喻示"欢乐"情状。全卦揭示物情欢乐所寓含的意义,以及处"乐"应当适中、不可穷欢极乐的道理。

十七、《随》卦

　　由下震(☳)上兑(☱)组成,卦形作"䷐",象征"随从"。上卦"兑"为泽,下卦"震"为雷。犹如大泽中响着雷声,泽随雷动,喻示"随从"情状。全卦展示事物当"随从"之时,无论是人随己、己随人、下随上、上随下,均当遵循"从善"、"从正"的基本原则。

十八、《蛊》卦

由下巽(☴)上艮(☶)组成,卦形作"䷑",象征"拯弊治乱"。"蛊"字意思是"乱"。朱熹解释为"坏极而有事",即卦名所取"拯弊治乱"之义。上卦"艮"为山,下卦"巽"为风。犹如山下吹来大风,物被毁坏而待治,故喻示"拯弊治乱"的情状。全卦揭示事物出现弊乱之时,如何审慎拯治、拨乱反正的道理。

十九、《临》卦

由下兑(☱)上坤(☷)组成,卦形作"䷒",象征"监临"。"临"字的意思是"居上临下",故卦名取为"监临"之义。上卦"坤"为地,下卦"兑"为泽。地居泽上,以高临下,喻示尊者"监临"卑者。全卦揭示"临物居上"的意义,就古代政治而言,即是侧重阐发"上统治下"、"尊统治卑"的某些规律。

二十、《观》卦

由下坤(☷)上巽(☴)组成,卦形作"䷓",象征"观仰"。上卦"巽"为风，下卦"坤"为地。犹如风行地上，喻示万物通过"观仰"美善之物而皆受感化。全卦大义，重在阐发观摩瞻仰美盛事物足以推行"教化"的道理。今天尚在使用的"观光"、"大观"等词，其典故即出自本卦。

二十一、《噬嗑》卦

《噬嗑》卦，"嗑"音合 hé。由下震(☳)上离(☲)组成，卦形作"䷔"，象征"啮合"，即"咬合"。"噬"字意思是"咬啮"，"嗑"字意思是"交合"，两字连用即卦名所取"啮合"之义。上卦"离"为火，在上为"闪电"之象，下卦"震"为雷，雷电交击，犹如动物口中上下"啮合"，也喻示用刑罚罪应当有"雷电"之势。全卦大旨，以口中"啮合"食物作譬喻，阐发"施用刑法"的意义。

二十二、《贲》卦

由下离(☲)上艮(☶)组成，卦形作"䷕"，象征"文饰"。"贲"字意思是"修饰"，故卦名取为"文饰"之义。上卦"艮"为山，下卦"离"为火。犹如山下燃烧着火焰，山形更加焕彩增美，喻示"文饰"情状。全卦阐发事物之间相互文饰的规律，主张适如其分的装饰，崇尚朴素自然之美。

二十三、《剥》卦

由下坤(☷)上艮(☶)组成，卦形作"䷖"，象征"剥落"。上卦"艮"为山,下卦"坤"为地。犹如高山颓委地面,喻示事物被"剥落"。在卦形的排列结构上,此卦也十分明显地展示着五个阴爻共剥一阳的特殊状态。全卦揭明事物在发展过程中"阳"被"阴"剥落,正面因素为反面因素摧折的情状,指出"剥"极必"复",顺势止"剥"的哲理。

二十四、《复》卦

由下震(☳)上坤(☷)组成,卦形作"䷗",象征"回复"。上卦"坤"为地,下卦"震"为雷。震雷在地下微动,喻示阳气"回复"。全卦展示事物正气复转,生机更发的情状,指明"正道"复兴这一不可抗拒的自然规律。

二十五、《无妄》卦

由下震(☳)上乾(☰)组成,卦形作"䷘",象征"不妄为"。上卦"乾"为天,下卦"震"为雷。雷声响彻天下,喻示万物敬畏都"不妄为"。全卦指出凡事均不妄为的道理,以及置身"无妄"之时的某些规律。

二十六、《大畜》卦

由下乾(☰)上艮(☶)组成,卦形作"䷙",象征"大为畜聚"。上卦"艮"为山,下卦"乾"为天。犹如天被包涵在山中,喻示所畜聚者至大。全卦表明事物发展过程中,必须竭力畜

　　西汉时期的京房(前77—前37),曾随从《易》师焦延寿问业。焦氏精通占卜,京房尽得焦氏的真传。焦延寿说过:"得我道以亡身者,必京生也。"后来京房因为向皇帝上疏,用占卜来抨击政治,果然遭人诬陷,被朝廷处死,年仅四十一岁。京房生前创造了六亲筮法,并发明了用三枚铜钱起卦的方式,称为"金钱卜"或"金钱卦",至今民间术家仍常用之。

聚刚健正气的道理。

二十七、《颐》卦

由下震(☳)上艮(☶)组成,卦形作"䷚",象征"颐养"。上卦"艮"为山,义为"止",下卦"震"为雷,义为"动"。山下响着震雷,下动上止,犹如口中嚼食,喻示进食以获"颐养"。事实上,"颐养"之道有着特定的内涵,有时,它不仅仅体现于个体行为,因此,全卦阐发事物养育其身的规律,并推赞"养人"、"养贤"、"养天下"的"颐养"盛德。

二十八、《大过》卦

由下巽(☴)上兑(☱)组成,卦形作"䷛",象征"大为过甚"。上卦"兑"为泽,下卦"巽"为风,又为"木"之象。大泽淹没树木,喻示处境"大为过甚"的情状。全卦揭示事物的发展有时导致阳刚过甚,阴柔极弱的失常状态,指明善处"大过"的道理及拯治"大过"的规律。

二十九、《坎》卦

上下皆由"坎"(☵)组成,卦形作"䷜",象征"重重险陷"。卦象拟取两"水"迭连流至,即是喻示"险陷"众多之义。全卦揭明谨慎行险,以及脱出险难,走向亨通的道理。

三十、《离》卦

上下皆由"离"(☲)组成,卦形作"☲☲",象征"附着"。"离"为火、为日,卦象拟取光明接连升起,悬附高空,即喻示"附着"之义。全卦阐明事物往往需要附着于一定的环境、条件而存在的道理。

三十一、《咸》卦

由下艮(☶)上兑(☱)组成,卦形作"☱☶",象征"交感"。"咸"的意思是"感",故卦名取为"交感"之义。前人或认为,"咸"字之所以训"感",乃属无"心"之感,这是人类最真诚的交感。上卦"兑"为泽,下卦"艮"为山。犹如山上有大泽,山、泽气息相通,喻示"交感"情状。全卦揭明事物在一定的条件下,阴阳之间不可或缺的交互感应的规律。

三十二、《恒》卦

由下巽(☴)上震(☳)组成,卦形作"☳☴",象征"恒久"。上卦"震"为雷,下卦"巽"为风。雷发风行,两者常相交助,喻示物情"恒久"之义。全卦揭明事物"居久守恒"的道理,就人事而言,就是教人为善、治学要有持之以恒的精神。

三十三、《遁》卦

由下艮(☶)上乾(☰)组成,卦形作"䷠",象征"退避"。上卦"乾"为天,下卦"艮"为山。高天下面立着大山,犹如天远避山,喻示"退避"的情状。全卦揭示事物的发展受阻碍时,必须暂行退避,以待来日振兴复盛。

三十四、《大壮》卦

由下乾(☰)上震(☳)组成,卦形作"䷡",象征"大为强盛"。上卦"震"为雷,下卦"乾"为天。天上雷声震响,刚强威盛,喻示"大为强盛"之义。全卦既褒赞"大庄"为事物发展的美好阶段,又指出如何善葆"盛壮"的道理。

三十五、《晋》卦

由下坤(☷)上离(☲)组成,卦形作"䷢",象征"晋长"。上卦"离"为日,下卦"坤"为地。日出地上,喻示"晋长"之义。全卦揭明事物顺势晋长的途径及规律。

三十六、《明夷》卦

由下离(☲)上坤(☷)组成,卦形作"䷣",象征"光明殒伤"。"夷"字意思是"伤",卦名"明夷"即言光明遭损而暗淡。

上卦"坤"为地,下卦"离"为日。日落地下,喻示"光明损伤"之义。全卦揭示了政治昏暗、光明泯灭之世的情状,赞美君子自"晦其明"、守正不移的品质。

三十七、《家人》卦

由下离(☲)上巽(☴)组成,卦形作"䷤",象征"一家人"。上卦"巽"为风,下卦"离"为火。犹如风自火的燃烧而生出,自内延外,喻示"一家人"之事也能蔓延而影响社会风化。全卦展示在不同的背景、条件下的"治家"之道"

三十八、《睽》卦

由下兑(☱)上离(☲)组成,卦形作"䷥",象征"乖背睽违"。卦名"睽"字的意思是"乖异"。上卦"离"为火,下卦"兑"为泽。火炎上,泽润下,两者违行,喻示事物相互睽背的情状。全卦重在阐明如何化"睽"为"合"的道理。

三十九、《蹇)》卦

由下艮(☶)上坎(☵)组成,卦形作"䷦",象征"蹇难"。卦名"蹇"字的意思是"难行"。上卦"坎"为水,下卦"艮"为山。高山上有恶水,喻示路艰难行。全卦揭示事物发展过程中曲折不顺的情状,指明济涉蹇难的可行之道。

四十、《解》卦

由下坎(☵)上震(☳)组成,卦形作"䷧",象征"舒解"。上卦"震"为雷,下卦"坎"为水,又为"雨"之象。雷雨兴起,草木萌发,喻示"舒解"情状。全卦表明事物在特定的条件下,必须通过去患、舒险、解难,才能求得一种安宁平和的环境。

四十一、《损》卦

由下兑(☱)上艮(☶)组成,卦形作"䷨",象征"减损"。上卦"艮"为山,下卦"兑"为泽。山下有深泽,犹如泽自损以增山高,喻示"减损"之义。全卦揭示事物有时必须在某个方面作一定的减损,才能获益,并侧重指出"损下益上"的道理。

四十二、《益》卦

由下震(☳)上巽(☴)组成,卦形作"䷩",象征"增益"。上卦"巽"为风,下卦"震"为雷。震雷奋响,风声交助,喻示"增益"情状。全卦揭示事物有时必须获得增益的道理,卦旨侧重"损上益下"之义。

四十三、《夬》卦

由下乾(☰)上兑(☱)组成,卦形作"䷪",象征"决断"。卦名"夬"字的意思是"决"。上卦"兑"为泽,下卦"乾"为天。犹如泽中水气升腾于天,决然降雨,喻示"决断"的情状。全卦从阴阳矛盾激化的角度,揭示阳刚应当决裁阴柔,亦即"君子"应当清除"小人","正气"应当压倒"邪气"的道理。

四十四、《姤》卦

由下巽(☴)上乾(☰)组成,卦形作"☴",象征"相遇"。卦名"姤"字的意思是"遇"。上卦"乾"为天,下卦"巽"为风。天下吹行着和风,无物不遇,喻示"相遇"情状。全卦揭明事物之间阴阳遇合的规律,并极力否定不正当、不合理的求"遇"之道。

四十五、《萃》卦

由下坤(☷)上兑(☱)组成,卦形作"☴",象征"会聚"。上卦"兑"为泽,下卦"坤"为地。泽居地上,水潦归汇,喻示"会聚"情状。全卦揭示事物相为会聚的道理,侧重以人与人在政治关系中的相聚为喻。

四十六、《升》卦

由下巽(☴)上坤(☷)组成,卦形作"☴",象征"上升"。上卦"坤"为地,下卦"巽"为风,又有"木"之象。地中生出树木,节节向上,喻示"上升"之义。全卦指明事物顺势上升,积小成大的道理。

四十七、《困》卦

由下坎(☵)上兑(☱)组成,卦形作"䷮",象征"困穷"。上卦"兑"为泽,下卦"坎"为水。犹如水竭于下,泽面乾涸,喻示"困穷"情状。全卦揭明如何善处困苦穷厄之时的道理。

四十八、《井》卦

由下巽(☴)上坎(☵)组成,卦形作"䷯",象征"水井"。上卦"坎"为水,下卦"巽"为木。树木上端有水分渗出,犹如井水被汲引而上,喻示"井"象。全卦把"井"人格化,通过展示水井"养人"的种种美德,譬喻"君子"时时刻刻均应当修美自身、惠物无穷。

四十九、《革》卦

由下离(☲)上兑(☱)组成,卦形作"䷰",象征"变革"。上卦"兑"为泽,下卦"离"为火。泽中燃烧着烈火,犹如水泊将变为桑田,喻示"变革"的情状。全卦揭示事物发展到一定程度亟待变更、改革的道理,并指出处"变革"之时的某些规律。

五十、《鼎》卦

由下巽(☴)上离(☲)组成,卦形作"䷱",象征"鼎器"。上卦"离"为火,下卦"巽"为木。木上烧着火焰,犹如用鼎煮食物,喻示"鼎器"之象。全卦借"鼎"煮物、化生为熟的功用,譬喻事物调剂成新之理,其中侧重体现行使权力、"经济天下"、"自新新人"的意义。

五十一、《震》卦

上下皆由"震"(☳)组成,卦形作"䷲",象征"雷动"。卦象拟取巨雷叠连轰响,即是喻示"雷动"之义。全卦揭示事物由于受震动而恐惧谨慎,可以获得亨通的道理。

五十二、《艮》卦

上下皆由"艮"(☶)组成,卦形作"䷳",象征"抑止"。卦象拟取两山重叠、屹立不动,即是喻示"抑止"之义。全卦揭示抑止邪恶妄欲的道理。

五十三、《渐》卦

由下艮(☶)上巽(☴)组成,卦形作"䷴",象征"渐进"。上卦"巽"为木,下卦"艮"为山。山上有树木,渐渐高大,喻示"渐进"之义。全卦阐明事物发展过程中"循序渐进"的道理。

五十四、《归妹》卦

由下兑(☱)上震(☳)组成,卦形作"䷵",象征"嫁出少女"。卦名中的"归"字,是古代女子出嫁之称,"妹"字犹言"少女"。上卦"震"为雷,其义为"动",下卦"兑"为泽,其义为"悦"。大泽上响着震雷,欣悦而动,喻示"嫁出少女"的欢愉情状。全卦以"嫁女"作譬喻,揭明"阴"应当以"阳"为归宿,则天地得以和合,万物得以繁殖的道理。

五十五、《丰》卦

由下离(☲)上震(☳)组成,卦形作"䷶",象征"丰大"。上卦"震"为雷,下卦"离"为火、为电光。雷震和电光一齐到来,喻示威明之德"丰大"。全卦揭示事物丰盛硕大的道理,以及求丰、处丰、保丰的某些规律。

五十六、《旅》卦

由下艮(☶)上离(☲)组成,卦形作"䷷",象征"行旅"。上卦"离"为火,下卦"艮"为山。山上燃烧着火,火势流行不止,喻示"行旅"情状。全卦展示羁旅居外的不同处境,揭明正确的处旅之道。

五十七、《巽》卦

上下皆由"巽"(☴)组成,卦形作"䷸",象征"顺从"。"巽"为风,又有"和顺能入"之义。卦象拟取和风连连相随,喻示"顺从"情状。全卦揭示事物发展过程中相为顺从的规律,强调阴顺阳、卑顺尊等方面的义理。

五十八、《兑》卦

上下皆由"兑(☱)组成,卦形作"䷹",象征"欣悦"。卦象拟取两泽并连,交相浸润,喻示物情"欣悦"之义。全卦揭明事物在一定的环境、条件下出现的欣悦情状,以及正确处"悦"的道理。

五十九、《涣》卦

由下坎(☵)上巽(☴)组成,卦形作"䷺",象征"涣散"。上卦"巽"为风,下卦"坎"为水。风行水面,涟漪泛起,喻示"涣散"情状。全卦从对立统一的角度,展示事物在发展的特定状态中,"涣散"与"聚合"相互依存的关系。

六十、《节》卦

由下兑(☱)上坎(☵)组成,卦形作"䷻",象征"节制"。上卦"坎"为水,下卦"兑"为泽。沼泽上有水,水量有限,喻示"节制"情状。全卦揭明事物在发展过程中,有时必须适当节制的道理。

六十一、《中孚》卦

由下兑(☱)上巽(☴)组成,卦形作"䷼",象征"中心诚信"。卦名中的"孚"字,意思是"信"。上卦"巽"为风,其义为"顺入",下卦"兑"为泽,其义为"欣悦"。泽上吹拂着和风,和顺欣悦,喻示"中心诚信"的情状。全卦展示物情笃诚信实的意义,以及处"诚"的要领。

六十二、《小过》卦

由下艮(☶)上震(☳)组成,卦形作"䷽",象征"小有过越"。上卦"震"为雷,下卦"艮"为山:雷声在山顶奋响,声势稍为过常,喻示"小有过越"的情状。全卦揭示事物在发展过程中,有时柔小,寻常之处应当稍为过越的道理。

六十三、《既济》卦

由下离(☲)上坎(☵)组成,卦形作"䷾",象征"事已成"。卦名中的"济"字,意思是"成功"。上卦"坎"为水,下卦"离"为火。火在水下烧,煮成食物,喻示"事已成"的情状。全卦揭示在诸事皆成之际,如何"守成"的道理。

六十四、《未济》卦

由下坎(☵)上离(☲)组成,卦形作"䷿",象征"事未成"。上卦"离"为火,下卦"坎"为水。火在水上烧,难以煮物,喻示"事未成"的情状。全卦揭示在诸事未成之际,如何审慎促使其成,化"未济"为"既济"的道理。

以上我们把六十四卦的卦形构成及拟象原理,作了简要的解说。从中可以看出,由八卦重成的六十四卦,每卦均象征一种事理,其中八卦的卦象起着很大的喻示作用。有人说,六十四卦是打开人生大门的64把钥匙,即是从各卦蕴含的义理来说的。当然,六十四卦的义理十分繁富,要彻底理解六十四卦,还需要结合各卦的卦辞、爻辞及《彖传》、《象传》等作深入研讨。但最初却应当从六十四卦的拟象原理入手。

有的读者可能要问:六十四卦的拟象形式有64种,其中八卦相重又错综变化,怎样才能把这些卦都记住呢?朱熹《周易本义》书前载有一首六十四卦《卦象次序》口诀,分为"八宫"(即八组)排列,甚便于读者牢记卦形,兹将全文抄录如下:

《乾》为天,天风《姤》,天山《遁》,天地《否》,风地《观》,山地《剥》,火地《晋》,火天《大有》。

《坎》为水,水泽《节》,水雷《屯》,水火《既济》,泽火《革》,雷火《丰》,地火《明夷》,地水《师》。

《艮》为山,山火《贲》,山天《大畜》,山泽《损》,火泽《睽》,天泽《履》,风泽《中孚》,风山《渐》。

《震》为雷,雷地《豫》,雷水《解》,雷风《恒》,地风《升》,水

　　郑玄（127—200），东汉人，籍贯山东。随从长安的马融学《易》，三年见不到老师，由高业弟子代师传授。但他仍坚持研究。一天，马融召集全体学生考查成绩，论辩《易》理，第一次召见郑玄。这天郑玄回答问题最好，一鸣惊人。考论完毕，郑玄向老师辞别归去。老师感叹惋惜。后来郑玄成为东汉第一流的经学家，《易》学成就很高。

风《井》,泽风《大过》,泽雷《随》。

《巽》为风,风天《小畜》,风火《家人》,风雷《益》,天雷《无妄》,火雷《噬嗑》,山雷《颐》,山风《蛊》。

《离》为火,火山《旅》,火风《鼎》,火水《未济》,山水《蒙》,风水《涣》,天水《讼》、天火《同人》。

《坤》为地,地雷《复》,地泽《临》,地天《泰》,雷天《大壮》,泽天《夬》,水天《需》,水地《比》。

《兑》为泽,泽水《困》,泽地《萃》,泽山《咸》,水山《蹇》,地山《谦》,雷山《小过》,雷泽《归妹》。

这八组卦象口诀,展示出八卦相重为六十四卦的形态。只要读者熟悉八卦的基本象征物,并记诵口诀,则六十四卦的卦形必能了然于心中。熟读这组口诀,再进一步加深领会六十四卦的拟象原理,实可以获得事半功倍的效果。

第 八 章

六十四卦的排列顺序有何意义

读者不难想像,要是《周易》的六十四卦排列毫无规矩,散处书中,那显然是杂乱无章,阅读者寻不着头绪,《周易》也不成其书了。

因此,古人在编定《周易》六十四卦的同时,也规定了它们的排列次序。而且,在各卦相互承接之间,还寓含着编者所赋予的一定的哲学意义。历代读《易》者在研习《周易》之初,均十分重视对六十四卦的卦序寓义的理解。当然,在探讨卦序寓义之前,我们先须明确历代相传的《周易》通行本的六十四卦究竟是怎样排序的。

所以,下面从两个角度谈谈这一问题。

一、六十四卦的排列顺序

前文已经说过,《周易》中的六十四卦分为上下两篇,称为"上下经",上经三十卦,下经三十四卦。上下经各卦的排序是:

上经:《乾》卦第一,《坤》卦第二,《屯》卦第三,《蒙》卦第四,《需》卦第五,《讼》卦第六,《师》卦第七,《比》卦第八,《小畜》卦第九,《履》卦第十,《泰》卦第十一,《否》卦第十二,《同人》卦第十三,《大有》卦第十四,《谦》卦第十五,《豫》卦第十六,《随》卦第十七,《蛊》卦第十八,《临》卦第十九,《观》卦第二十,《噬嗑》卦第二十一,《贲》卦第二十二,《剥》卦第二十三,《复》卦第二十四,《无妄》卦第二十五,《大畜》卦第二十六,《颐》卦第二十七,《大过》卦第二十八,《坎》卦第二十九,《离》卦第三十。这就是上经三十卦的次序。

下经:《咸》卦第三十一,《恒》卦第三十二,《遁》卦第三十三,《大壮》卦第三十四,《晋》卦第三十五,《明夷》卦第三十六,《家人》卦第三十七,《睽》卦第三十八,《蹇》卦第三十九,《解》卦第四十,《损》卦第四十一,《益》卦第四十二,《夬》卦第四十三,《姤》卦第四十四,《萃》卦第四十五,《升》卦第四十六,《困》卦第四十七,《井》卦第四十八,《革》卦第四十九,《鼎》卦第五十,《震》卦第五十一,《艮》卦第五十二,《渐》卦第五十三,《归妹》卦第五十四,《丰》卦第五十五,《旅》卦第五十六,《巽》卦第五十七,《兑》卦第五十八,《涣》卦第五十九,《节》卦第六十,《中孚》卦第六十一,《小过》卦第六十二,《既济》卦第六十三,《未济》卦第六十四,这就是下经三十四卦的次序。

上下经组合,即为《周易》所规定的六十四卦排列顺序。前章叙及六十四卦的拟象原理时,笔者便是按此顺序简说诸卦象旨。

可能读者在接触六十四卦序次的时候,会产生一种畏难心理,这些卦名读起来本就拗口,若要记住它们的排列顺序,岂非大为不易？

不过，你如果读过朱熹《周易本义》书前附载的一首《上下经卦名次序歌》，上述疑难便涣然冰释了。这首歌诀把六十四卦卦名按次序编成七言诗句的形式，一气贯下，颇易记诵。歌诀如下：

> 乾坤屯蒙需讼师，比小畜兮履泰否。
> 同人大有谦豫随，蛊临观兮噬嗑贲。
> 剥复无妄大畜颐；大过坎离三十备。
> 咸恒遁兮及大壮，晋与明夷家人睽。
> 蹇解损益夬姤萃，升困井革鼎震继。
> 艮渐归妹丰旅巽，兑涣节兮中孚至。
> 小过既济兼未济，是为下经三十四。

以上十四句，前六句为上经卦序，后八句为下经卦序，又以押韵的句式写成，故读起来甚为顺口。只要把这首歌背熟，则六十四卦的卦名及排列顺序就全记住了。

二、六十四卦相承的寓意

明白了六十四的卦序，就须领会各卦为什么如此排列，以及卦与卦之间相互承受有何寓意。

这一点，《易传》中的《序卦传》说得十分明白。下面，根据《序卦传》所叙，分上下经简说诸卦相承之义。

（一）上经三十卦的相承之义

古人认为，有了"天"、"地"，然后万物才开始产生，所以

《周易》首先设定了象征天地的《乾》、《坤》两卦。天地开创之初,只有万物初生、草创时的缊缊气息,所以继《乾》、《坤》之后是象征事物"初生"的《屯》卦。事物初生必然蒙昧无知,所以接着是象征"蒙稚"的《蒙》卦。事物幼稚不可不养育,所以接着是象征"需待"饮食的《需》卦。面临饮食问题必然有所争讼,所以接着是象征"争讼"的《讼》卦。争讼必然要依靠众人力量的兴起,所以接着是象征"兵众"的《师》卦。兵众兴起,决出胜负之后,事物必然要选择比辅对象,所以接着是象征"亲密比辅"的《比》卦。相互比辅必然有所畜聚,所以接着是象征"小有畜聚"的《小畜》卦。事物有所畜聚然后要用礼节规范其行为,所以接着是象征循礼"小心行走"的《履》卦。循礼小心行走必然导致通泰而万事均安,所以接着是象征"通泰"的《泰》卦。事物不可能终久亨通安泰,所以接着是象征"否闭"的《否》卦。事物也不可能终久否闭,所以接着是象征"和同于人"、万物谐睦的《同人》卦。与人和同,外物必然纷纷归附,所以接着是象征"大获所有"的《大有》卦。大获所有之时不应当盈满骄傲,所以接着是象征"谦虚"的《谦》卦。所获既大又能谦虚的人必然欢愉快乐,所以接着是象征"欢乐"的《豫》卦。与人共相欢乐必然有人随从,所以接着是象征"随从"的《随》卦。以喜悦之心随从于人必然要有所用事,所以接着是象征"拯弊治乱"的《蛊》卦。能够拯治事物然后功业可以盛大,并足以高居要职,所以接着是象征"高临"于众人的《临》卦。事物尊高盛大然后可以受人观仰,所以接着是象征"观仰"的《观》卦。通过观仰感化然后人类上下之间就有所融合,所以接着是象征"交合"的《噬嗑》卦。事物不能草率交合,必须加以文饰,所以接着是象征"文饰"的《贲》卦。过分的文饰必然使事物消剥穷尽,所以接着是象征"剥落"的《剥》卦。事物不可能终久穷尽,剥尽于上就导致回复于下,所以接着是象征"回复"的《复》卦。能回复正道就不致于胡作非为,所以接着是象征"不妄为"的《无妄》卦。能够不妄为然后可以大量畜聚外物,所以接着是象征"大为畜聚"的《大畜》卦。事物大为畜聚然后可以施用于颐养,所以接着是象征"颐养"的《颐》卦。没有大量充足有余的颐养就不可能振兴奋动,所以接着是象征"大为过甚"的《大过》卦。事物不能长久过甚,过极必有危险,所以接着是象征"险陷"的《坎》卦。遭遇危险时必须要有所凭依附着,才能获得援助而脱险,所以接着是象征"附着"的《离》卦。

以上是上经三十卦承连顺序所寓含的哲理意义。

(二)下经三十四卦的相承之义

古人认为,有了"天"、"地"然后才有万物,有了万物然后才有男性女性,有了男性女性然后才能配成夫妇,于是,人类社会便出现父子、君臣以及上下尊卑的名份。因此,《周易》下经从象征男女"交感"的《咸》卦开始。男女夫妇的道理不能不恒久存在,所以接着是象征"恒久"的《恒》卦。事物不可能长久安居于一个处所,所以接着是象征"退避"的《遁》卦。事物不可能终久退避,必将重新振兴盛大,所以接着是象征"大为强盛"的《大壮》卦。事物不可能长久安守壮盛而无所进取,所以接着是象征"进长"的《晋》卦。往前进长必将有所损害,所以接着是象征"光明殒伤"的《明夷》卦。在外遭受损伤的人必然要返回家中,以求家庭温暖的慰藉,所以接着是象征"一家人"的《家人》卦。家庭的发展道路穷困必然要产生种种乖背睽违的事端,所以接着是象征"乖背睽违"的《睽》卦。事物相互乖违必然导致蹇难,所以接着是象征"蹇难"的《蹇》卦。事物不可能长久蹇难,必有缓解之时,所以接着是象征"舒解"的《解》卦。舒解过程中必然要有所减损,所以接着是象征"减损"的《损》卦。能够自我减损、施益他人,必然也受人增益,所以接着是象征"增益"的《益》卦。增益不止,必然满盈流溃而被断然决除,所以接着是象征"决断"的《夬》卦。能够决断清除邪恶必然有所喜遇,所以接着是象征"相遇"的《姤》卦。事物相遇然后群体会聚,所以接着是象征"会聚"的《萃》卦。事物会聚可以共同上进,所以接着是象征"上升"的《升》卦。上升不止必然要困穷,所以接着是象征"困穷"的《困》卦。困穷于上的必然要返归于下,以求安居,所以接着是象征"水井"的《井》卦。水井历久必然污秽,不能不变革整治。所以接着是象征"变革"的《革》卦。变革事物没有比鼎器化生为熟更显著的,所以接着是象征"鼎器"的《鼎》卦。主持鼎器正代表着掌握权力,需要强大的威势,所以接着是象征权威"雷动"的《震》卦。事物不可长久震动,应当适当抑止,所接着是象征"抑止"的《艮》卦。事物不可能抑止太久,必须逐渐前进,所以接着是象征"渐进"的《渐》卦。事物渐进必将要寻找依归,所以接着是象征"嫁出少女"的《归妹》卦。事物获得依归必然发展丰大,所以接着是象征"丰大"的《丰》卦。丰大穷极的人必将丧失安居的处所,所以接着是象征在外"行旅"的《旅》卦。行旅的人无处容身,必然要顺从于他人才能进入客居处所,所以接着是象征"顺从"的《巽》卦。因顺从而进入适宜的居所,心中必然欣悦,所以接着是象征"欣悦"的《兑》卦。心中欣悦然后就能推散其所悦,所以接着是象征"涣散"的《涣》卦。事物不能长久无节制的涣发离散,所以接着是象征"节制"的《节》卦。有所节制,就应当用诚信来守持美德,所以接着是象征"中心诚信"的《中孚》卦。坚守诚信的人必然要稍为过分果决地履行诺言,所以接着是象征"小有过越"的《小过》卦。美善的行为有所过越的人办事必能成功,所以接着是象征"事已成"的《既济》卦。事物的发展是没有穷尽的,成功之后又将带来未成功因素,所以接着是象征"事未成"的《未济》卦作为《周易》六十四卦的终了。

　　以上是下经三十四卦承连顺序所寓含的哲理意义。

　　上面就六十四卦排列顺序中所包涵的意义作了简要解说,基本上是按照《序卦传》的内容略为演绎,读者可以结合研读《序卦传》作进一步的理解。其中对各卦名义的概括,有的与卦义切合,有的仅取一个侧面为说,原因是:《序卦传》的宗旨是揭明卦与卦之间的有机联系,而不在于阐析各卦的完整意义。所以晋朝的韩康伯指出:"《序卦》之所明,非《易》之所蕴也。"(《周易正义》引)北宋的苏轼也说:"《序卦》之论《易》,或直取其名而不本其卦者多矣,若赋诗断章然,不可以一理求也。"(《东坡易传》)

　　另外,读者还应当明白,六十四卦的排列,并非只有今本《周易》所展示的这种顺序。前面第二章提到,《周易》之前的两种占筮书:《连山》中的六十四卦以《艮》卦居首,《归藏》中的六十四卦以《坤》卦居首,可见这两书的卦序与《周易》不同。

至于秦汉以后流传的《周易》本子或各家《易》说,如西汉马王堆出土的《帛书周易》,京房的《京氏易传》,南宋朱熹《周易本义》卷首所载《六十四卦方圆图》等,所示六十四卦的排序也与今本《周易》不同,这是由于后人为了占筮时记诵卦形的方便,以及推阐说《易》者的自身思想而作的改动,并非《周易》卦序的本来面目。所以,我们研读《周易》,应当记住《序卦传》中揭明的六十四卦卦序的涵义,而不能被历史上流传的其它卦序所影响。

最后,我们在理解《周易》六十四卦逐卦相承的含义之外,还须领会《周易》作者把《乾》、《坤》两卦安排在居首,把《既济》、《未济》两卦安排在最后的用意。这样安排,事实上反映了一种颇为深刻的哲学思想:万物的开创成长本于充沛强健的"阳刚"元气和顺承宽舒的"阴柔"元气,而人们开拓任何事业也须效法这种"自强不息"的刚健精神及"厚德载物"的柔顺精神,这便是《乾》卦居六十四之首的意义;一切事物的发展,既没有绝对成功的时候,也没有完全穷尽的时刻,所以人们应当牢记"完美"或"成功"只是相对的,"缺陷"或"未成"却是时时伴随着前者而存在,成功之后又要以未成功作为奋斗的新起点,任何时候都要努力进取,这便是《既济》、《未济》居六十四卦之终的意义。可见,以《乾》、《坤》居首,以《既济》、《未济》居终,确是《周易》作者的精心安排,寓意深远。这一点,在《序卦传》中也略有叙及。

因此,《易传》中的《序卦传》一篇,不仅展示了《周易》六十四卦的次序,还从特定的角度揭明各卦排列顺序的哲学内涵,值得认真研习。

　　虞翻(164—233),三国时吴人。当过军事将领,跟随孙策、孙权打过仗。秉性刚直,不拘小节。精通《周易》。曾向孙权说:我同郡的一个人叫陈桃,做了个梦,梦见我虞翻与一位道士相遇,道士排出《周易》六爻(六条符号),取三爻叫我吞下,我要求把六爻全吞了,道士不肯,说:"《易》道在天,三爻足矣!"虞翻根据陈桃的这个梦,认为自己受命于天,理应精通《周易》。他写的《易注》在当时影响很大。

第 九 章

为什么说《乾》《坤》是《周易》的门户

前人阅读《周易》,最重视《乾》、《坤》两卦,认为读懂了这两卦,便是打通了研探《周易》的门径。《易传》中的《文言传》,就是专门解说《乾》、《坤》的意义,也可以看出《文言传》作者对这两卦的重视程度。李鼎祚《周易集解》引姚信的话说:"《乾》、《坤》为门户,文说《乾》、《坤》,六十二卦皆放(仿照)焉。"这里直接提出《乾》、《坤》两卦是《周易》的"门户"。

为什么说《乾》、《坤》是《周易》的门户呢?原因在于,这两卦是"纯阳"、"纯阴"之卦,它们的义理、条例贯穿于整个《周易》六十四卦的旨趣中。所以,读懂这两卦,其他六十二卦便有所仿照,易于领会。

但是,要真正理解《乾》、《坤》为《周易》门户之所以然,还得结合这两卦的卦辞、爻辞、《彖传》、《象传》、《文言传》作深入研析,认真领会这些内容所包含的深刻蕴蓄,才能真正明确其为"门户"的意义所在。因此,下面对《乾》、《坤》两卦的内容分别作一番解说。

一、《乾》卦的意义

《乾》卦的卦形作"☰",前文已经介绍过。卦中经传文字的安排,是先卦辞、爻辞,然后《彖传》、《象传》、《文言传》。

(一) 卦　辞

《乾》卦的卦辞是:"乾:元,亨,利,贞。"意思是:"《乾》卦象征天:元始,亨通,和谐有利,贞正坚固。"

这是总括《乾》卦的大义。《周易》以《乾》象征"天",认为"天"体现着"元,亨,利,贞"四种德性,即具有开创万物并使之亨通、和利、正固的功效;其所以如此,在于"天"的本质元素是沛然刚健的阳气。这种"阳气"运行不息,变化无穷,沿春、夏、秋、冬四季而循环往复,制约、主宰着整个大自然。因此,《周易》赞美"天",事实上即是赞美阳刚之德。

《乾》卦"四德",对后代文化甚有影响,人们常将这四字作为吉祥的象征来使用。甚至不少人在编排书册卷次时,也常用"元,亨,利,贞"代表"一,二,三,四"的数序。

(二) 爻　辞

《乾》卦六爻,均为阳爻,其爻辞如下。

(1) 初九爻辞:"潜龙勿用。"意思是:"巨龙潜伏水中,暂不施展才用。"第一爻是事物的发端,位卑力微,须养精蓄锐,其目的在于进一步发展。因此,所谓"勿用",实为时机未到,暂行潜藏而已;一旦形势许可,就要步步进取。

（2）九二爻辞："见龙在田,利见大人。"意思是："巨龙出现在田间,有利于出现大人物。"九二阳刚渐增,头角初露,迈开了重要的一步,虽距最后成功尚远,但居中不偏,已具备成功的内在条件,所以有"大人"之誉。

（3）九三爻辞："君子终日乾乾,夕惕若,厉无咎。"意思是："君子整天健强不已,直到夜间还时时警惕慎行,这样即使面临危险也可以免遭咎害。"《乾》卦其他几爻都称"龙",唯九三称"君子",这是由于《周易》是"随其事而取象",即灵活地运用各种象征物表示特定的象征意义。《乾》卦六爻的爻辞中,"龙"为阳刚之物,"君子"为强健之人,从象征角度看,两者都寓意于刚健不息的气质。这一爻处下卦之上,未进入上卦,所以必须随时惕惧,勤奋不懈,才能长保"无咎",渐获进益。

（4）九四爻辞："或跃在渊,无咎。"意思是"（巨龙）或腾跃上进,或退处在渊,必无咎害。"九四已进入上卦,但居于上卦的最低位,与九三一样为难处多惧之位。所以爻辞强调要审慎抉择时期,能进则果决奋进,不能进则毅然退却,这样才能避灾免咎。

（5）九五爻辞："飞龙在天,利见大人。"意思是："巨龙高飞上天,利于出现大人。"九五居上卦之中,是《乾》卦最吉之爻,象征着阳刚元气发展的最美盛阶段,犹如人们的事业获得最圆满成功,故旧时代把君主之位称为"九五之尊"。因此,爻辞中提到的利于出现的"大人",比九二的"大人"实为更高一个层次。

（6）上九爻辞："亢（音抗 kàng）龙有悔。"意思是："巨龙高飞穷极,终将导致悔恨。"上九处《乾》卦的最高一爻,象征物极必反。此时阳气发展盛极转衰，所以爻辞拟取"亢龙"高飞穷极，说明这样必然遭受挫折而致悔恨。朱熹曾经对这一爻的意义作出阐释，说："当极盛之时，便须虑其'亢'（即穷竭之意），如此处最是。《易》之大义，大抵于盛满时致戒。"（《朱子语类》）这几句话，确实把此爻的旨趣解说得十分透彻。

从上面所举《乾》卦六爻爻辞的内容来看，读者可以看出，它们都是运用譬喻、象征的文辞来揭示"阳刚"之气的发展由微小到盛极的过程。

（7）《乾》卦除六爻爻辞之外，还附有一则"用九"文辞，它说："用九，见群龙无首，吉。"意思是："用'九'数，出现一群巨龙，都不以首领自居，吉祥。"这也是一种譬喻。我们说过，《周易》以"九"代表阳，"用九"便是说明如何发挥阳刚气质的道理，是对《乾》卦六个阳爻用意的总结，也是对《周易》六十四卦中 192 个阳爻本旨的概括。这则"用九"文辞是《乾》卦六爻之后所附的特有之辞，它认为，越是刚健，越是有地位，就越要谦让而不强为物先，所以文辞拟象于一群巨龙均不居首领先，正属此意。王弼《周易注》解释"用九"说："以刚健而居人之首，则物之所不与（即不赞成、不合作）"，这是应用了《老子》"后其身而身先"及"贵以贱为本"的观点，与《易》理颇为符合。

今天，我们的习惯用语中还常用"群龙无首"这一词，典故就是出自《乾》卦的"用九"文辞。但现在的意思是指办事情没有人领头，难于进行。这已经不是《周易》的原意了，读者必须明确这一点。

本来，读了《乾》卦的卦辞、爻辞及"用九"辞，这一卦的大义就基本可以理解了。但《易传》中的《彖传》、《象传》、《文言传》又对《乾》卦作了进一步阐释,目的是为了帮助读者加深理解该卦的涵义。所以,我们也对这三类文字稍作简析。

(三)《彖传》

前面说过,《彖传》的体例是解说一卦的卦辞寓义。《乾》卦的《彖传》,旨在阐述卦辞"元,亨,利,贞"的义理内涵,其中把这四字譬喻成"阳气"在春、夏、秋、冬四季周而复始的运转过程,即把"元"看成"春天"阳气的始生初萌,把"亨"看成"夏天"阳气的盛长通达,把"利"看成"秋天"阳气的竭尽利物,把"贞"看成"冬天"阳气的含藏守正。阳气如此周流不息,而大自然万物因之生长不衰。为了更具体地分析,下面引出《乾》卦《彖传》的原文,并用现代汉语对其进行译释,以便读者对照原文加以理解。

《乾》卦《彖传》的原文为:"《彖》曰:大哉乾元! 万物资始,乃统天。云行雨施,品物流行。大明终始,六位时成,时乘六龙以御天。乾道变化,各正性命,保合太和,乃利贞。首出庶物,万国咸宁。"全文的大意是:"《彖传》说:伟大啊,开创万物的(春天)阳气! 万物依靠它开始产生,它统领着大自然。(夏天)云朵飘行、霖雨降落,各类事物流布成形。光辉灿烂的太阳反复运转(带来秋天),《乾》卦六爻按不同的时位组成,就像阳气按时乘着六条巨龙驾御大自然。大自然的运行变化(迎来冬天),万物各自静定精神,保全太和元气,以利于守持正固(等待来年生长)。阳气周流不息,又统率万物重新萌生,天下万方都和美顺昌。"

这样,把《乾》卦《彖传》的意义理解了,我们再回头领会卦辞"元,亨,利,贞"的旨趣,显然就容易多了。

(四)《象传》

每卦的《象传》有《大象传》与《小象传》之分,前面也已讲过。这里就把《乾》卦的《大象传》和《小象传》分开解说。

(1)《乾》卦的《大象传》。

《乾》卦的《大象传》作:"天行健;君子以自强不息。"意思是:"天的运行刚强劲健;君子因此不停地愤发图强。"《乾》卦既是拟取"天"为象征,其卦形是由两个"乾"(☰)组成的,犹如"天"在昼夜不停地运转;因此《大象传》根据《乾》卦的卦象,推衍出"君子"应当效法"天"的健行之象,立身、行事要永远奋发不止。于是,"自强不息"也就成了激励人们以刚健精神努力奋进的成语。

(2)《乾》卦的《小象传》。

《乾》卦的《小象传》共有十四句,前十二句解说初九至上九这六爻爻辞之义,末两句解说"用九"文辞之义。原文作:"潜龙勿用,阳在下也;见龙在田,德施普也;终日乾乾,反复道也;或跃在渊,进无咎也;飞龙在天,大人造也;亢龙有悔,盈不可久也;用九,天德不可为首也。"用现代汉语译出,其大意是:"巨龙潜伏在水中而暂不施展才用,说明阳气初生居位低下;巨龙出现田间,说明九二美德昭著广施无涯;整天健强振作,说明九三反复行道不使偏差;或腾跃上进、或退处在渊,说明九四审时前进必无咎害;巨龙高飞上天,说明九五大人奋起大展雄才;巨龙高飞穷极将有悔恨,说明上九刚进过甚不久必衰;用九数,说明'天'的美德不自居首、刚去柔来。"这几句语言简约凝练,把《乾》卦的爻辞、"用九"文辞的意义作了扼要概括,也颇有助于读者逐爻理解经文。

(五)《文言传》

我们已经明白,《文言传》分为两部分,前部分释《乾》卦,后部分释《坤》卦。《乾》卦《文言传》共含 16 段,以下分别将之译成现代汉语逐段展示其大意。

第一段,原文作:"元者,善之长也;亨者,嘉之会也;利者,义之和也;贞者,事之干也。君子体仁足以长人,嘉会足以合礼,利物足以和义,贞固足以干事。君子行此四德者,故曰:乾,元,亨,利,贞。"这是阐发卦辞"元,亨,利,贞"之义,大意是:"元始,是众善的尊长;亨通,是美好的会合;有利,是事义的和谐;正固,是办事的根本。君子用仁心作为本体,可以当人们的尊长;寻求美好的会合,就符合礼;施利于他物,就符合义;坚守正固的节操,就可以办好事务。君子是施行这四种美德的人,所以说,《乾》卦象征天:元始,亨通,和谐有利,贞正坚固。"

第二段,原文作:"初九曰'潜龙勿用',何谓也? 子曰:龙德而隐者也。不易乎世,不成乎名;遁世无闷,不见是而无闷;乐则行之,忧则违之,确乎其不可拔,潜龙也。"这是引用孔子的话阐发初九爻辞之义,大意是:"初九爻辞说'巨龙潜伏水中,暂勿施展才用',讲什么意思呢? 孔子指出:这是譬喻有龙一样品德而隐居的人。他不被污浊的世俗改变节操,不迷恋于成就功名;逃离这个世俗不感到苦闷,不为世人称许也不苦闷;称心的事付诸实施,不称心的事决不实行,具有坚定不可

　　王弼(226—249)，三国时魏人，籍贯河南。只活到二十
四岁就病故了。他虽然享寿无多，却是十分重要的著名《易》
家。汉代《易》学讲求"象数"，他却奋起力扫四百多年的"象
数"流弊，自标新学，用老庄玄理解《易》，写了《周易注》、《周
易略例》等书，在中国《易》学史上影响了一千四百多年，至今
不衰。他平生聪明秀拔，不求功名，好谈玄学，通晓音乐，喜
欢游宴。在高谈阔论之时，每有高雅气质。

动摇的意志,这就是潜伏的巨龙。"

第三段,原文作:"九二曰'见龙在田,利见大人',何谓也?子曰:龙德而正中者也。庸言之信,庸行之谨;闲邪存其诚,善世而不伐,德博而化。《易》曰:见龙在田,利见大人,君德也。"这是引用孔子的话阐发九二爻辞之义,大意是:"九二爻辞说'巨龙出现田间,利于出现大人'讲什么意思呢?孔子指出:这是譬喻有龙一样的品德而立身中正的人。他的平凡言论说到做到,他的日常举动谨慎有节;防止邪恶的言行而保持诚挚,美好的行为伟大而不自夸,道德广博而能感化天下。《周易》说:巨龙出现田间,利于出现大人,正是说明出现具备君主品德的贤人。"

第四段,原文作:"九三曰'君子终日乾乾,夕惕若,厉无咎',何谓也? 子曰:君子进德修业。忠信,所以进德也;修辞立其诚,所以居业也。知至至之,可与言几也;知终终之,可与存义也。是故居上位而不骄,居下位而不忧。故乾乾因其时而惕,虽危无咎矣。"这是引用孔子的话阐发九三爻辞之义,大意是:"九三爻辞说'君子整天健强振作,直到夜间还时时警惕慎行,这样即使面临危险也不遭咎害'。讲什么意思呢? 孔子指出:这是譬喻君子要增进美德、营修功业。忠诚信实,就可以增进美德;修饰言辞出于诚挚的感情,就可以积蓄功业。知道进取的目标而努力实现它,这种人可以跟他商讨事物发展的细微征兆;知道终止的时刻而及时终止,这种人可以跟他共同保全事物发展的适宜状态。像这样就能居上位而不骄傲,处下位而不忧愁。所以能够健强振作,随时警惕慎行,即使面临危险也就不遭咎害了。"

第五段,原文作:"九四曰'或跃在渊,无咎',何谓也? 子曰:上下无常,非为邪也;进退无恒,非离群也。君子进德修业,欲及时也,故无咎。"这是引用孔子的话阐发九四爻辞之义,大意是:"九四爻辞说'(巨龙)或腾跃上进,或退处在渊,必无咎害',讲什么意思呢? 孔子指出:这是譬喻贤人的上升、下降是不一定的,并非出于邪念;他的进取、引退也是不一定的,并非脱离众人。君子增益道德而营修功业,是想抓住时机进取,所以必无咎害。"

　　第六段,原文作:"九五曰'飞龙在天,利见大人',何谓也? 子曰:同声相应,同气相求;水流湿,火就燥;云从龙,风从虎;圣人作而万物睹;本乎天者亲上,本乎地者亲下,则各从其类也。"这是引用孔子的话阐发九五爻辞之义,大意是:"九五爻辞说'巨龙高飞上天,利于出现大人',讲什么意思呢? 孔子指出:这是譬喻同类的声音互相感应,同样的气息互相求合;水向湿处流,火向干处烧;景云随着龙吟而出,谷风随着虎啸而生;圣人奋起治世万物显明可见;依存于天的亲近于上,依存于地的亲近于下,各以类相从而发挥作用。"

　　第七段,原文作:"上九曰'亢龙有悔',何谓也? 子曰:贵而无位,高而无民,贤人在下位而无辅,是以动而有悔也。"这是引用孔子的话阐发上九爻辞之义,大意是:"上九爻辞说'巨龙高飞穷极,终将导致悔恨',讲甚么意思呢? 孔子指出:这是譬喻某种人尊贵而没有实位,崇高而管不到百姓,贤明的人居下位而不辅助他,所以一旦轻举妄动就将导致悔恨。"

　　第八段,原文作:"潜龙勿用,下也;见龙在田,时舍也;终日乾乾,行事也;或跃在渊,自试也;飞龙在天,上治也;亢龙有悔,穷之灾也;乾元用九,天下治也。"这是又一次阐释《乾》卦六则爻辞及"用九"文辞之义。文中用语简约,泛引人类的各种社会活动为说。大意是:"巨龙潜伏暂不施展才用,说明地位低下微贱;巨龙出现田间,说明时势开始舒展;整天健强振作,说明事业正付诸实践;(巨龙)或腾跃上进、或退处在渊,说明正在自我检验;巨龙飞上高天,说明形成最好的政治局面;巨龙高飞穷极将有悔恨,说明物态穷极带来的灾难;天有元始之德而用(阳刚化为阴柔的)'九'数,说明天下大治是势所必然。"

　　第九段,原文作:"潜龙勿用,阳气潜藏;见龙在田,天下文明;终日乾乾,与时偕行;或跃在渊,乾道乃革;飞龙在天,乃位乎天德;亢龙有悔,与时偕极;乾元用九,乃见天则。"这段是第三次重释《乾》卦六则爻辞及"用九"文辞之义。文中用语简约,泛引自然气候为说。大意是:"巨龙潜伏暂不施展才用,说明阳气潜藏未现;巨龙出现田间,说明天下文彩灿烂;整天健强振作,说明阳气追随时光向前发展;(巨龙)或腾跃上进,或退处在渊,说明天道转化,出现变革;巨龙飞上高天,说明阳气旺盛正当天位,具备天的美德;巨龙高飞穷极将有悔恨,说明阳气随着时节推移而穷尽衰落;天有元始之德而用(阳刚化为阴柔的)'九'数,这是体现大自然的法则。"

　　第十段,原文作:"乾元〔亨〕者,始而亨者也;利贞者,性情也。乾始能以美利利天下,不言所利,大矣哉! 大哉乾乎! 刚健中正,纯粹精也;六爻发挥,旁通情也;时乘六龙,以御天也;云行雨施,天下平也。"从本段至第十六段又各以一整段的篇幅回头重新阐释《乾》卦的卦辞及六爻爻辞之义。此段释卦辞

"元,亨,利,贞"。大意是:"《乾》卦象征天;元始,〔亨通,〕说明天的美德在于首创万物并使之亨通;和谐有利、贞正坚固,是天所蕴含的本性和内情。天一开始就能用美好的利益来施利天下,却不说出它所施予的利惠,这是极大的利惠啊!伟大的天啊!刚强劲健、居中守正,通体不杂、纯粹至精;《乾》卦六爻的变化,曲尽万物的发展情景;犹如顺着不同时节套上六条巨龙,驾驭着大自然而驰骋;行云降雨,带来天下太平。"

第十一段,原文作:"君子以成德为行,日可见之行也。潜之为言,隐而未见,行而未成,是以君子弗用也。"这是阐释《乾》卦初九爻辞之义,大意是:"君子把成就道德作为行动的目的,是每天都可以体现出来的行为。初九爻辞所讲的'潜藏',意思是巨龙隐藏不曾露面,行动尚未显著,所以君子暂时不施展才用。"

第十二段,原文作:"君子学以聚之,问以辨之,宽以居之,仁以行之。《易》曰:见龙在田,利见大人,君德也。"这是阐释《乾》卦九二爻辞之义。大意是:"君子靠学习来积累知识,靠发问来辨决疑难,胸怀宽阔而居于适当之位,心存仁爱而施诸一切行为,《周易》说'巨龙出现田间,利于出现大人',这种'大人'具备了当国君的品德。"

第十三段,原文作:"九三重刚而不中,上不在天,下不在田,故乾乾因其时而惕,虽危无咎也。"这是阐释《乾》卦九三爻辞之义。大意是:"九三是多重阳刚叠成的,居位不正中,上不达于高天,下不立于地面,所以要不断健强振作,随时保持警惕,这样即使面临危险也不致遭受咎害。"

第十四段,原文作:"九四重刚而不中,上不在天,下不在田,中不在人,故或之。或之者,疑之也,故无咎。"这是阐释《乾》卦九四爻辞之义。大意是:"九四是多重阳刚叠成的,居位不正中,上不达于高天,下不立于地面,中不处于人境,所以强调'或'。强调'或'的意思,就是说明要有所疑虑而多方审度,这样就可不遭咎害。"

第十五段,原文作:"夫大人者,与天地合其德,与日月合其明,与四时合其序,与鬼神合其吉凶。先天而天弗违,后天而奉天时。天且弗违,而况于人乎?况于鬼神乎?"这是阐释《乾》卦九五爻辞之义。大意是:"九五爻辞所说的'大人',他的道德像天地一样复载万物,他的圣明像日月一样普照大地,他的施政像四时一样井然有序,他示人吉凶像鬼神一样奥妙莫测。他先于天象而行动,天不违背他;后于天象而处事,也能遵循天的变化规律。天尚且不违背他,何况人呢?何况鬼神呢?"

第十六段,原文作:"亢之为言也,知进而不知退,知存而不知亡,知得而不知丧。其唯圣人乎!知进退存亡,而不失其正者,其唯圣人乎!"这是阐释《乾》卦上九爻辞之义。大意是:"上九爻辞所说的'高飞穷极',是说明某种人只晓得进取而不知及时引退,只晓得生存而不知终将衰亡,只晓得获利而不知所得必失。大概只有圣人才是明智的吧!深知进取、引退、生存、灭亡的道理,行为不偏失正确途径的,大概只有圣人吧!"

从《乾》卦《文言传》的十六段文辞看,可知此传对《乾》卦的卦爻辞作了多层次、多角度的解说,将全卦的象征旨趣分析得颇为深透。

根据上面对《乾》卦的卦辞、爻辞、《彖传》、《象传》、《文言传》的理解，我们可以进一步将该卦的意义总结如下：

作为《周易》六十四卦之首的《乾》卦，以"天"为象征形象，揭示了"阳刚"元素、"强健"气质的本质作用及其发展变化规律。孔颖达在《周易正义》中曾经设问道："此既象天，何不谓之'天'，而谓之'乾'?"他自答说：天是"定体之名"，乾是"体用之称"，"天以健为用者，运行不息，应化无穷，此天自然之理。"事实上这是论及《周易》的"象"与"意"的关系。从"象征"的角度分析，《乾》卦的喻旨，正是勉励人效法"天"的刚健精神，奋发向上，这也是《大象传》所极力推赞的"君子以自强不息"之旨。卦辞以"元，亨，利，贞"四言，高度概括"天"具有开创万物，并使之亨通、富利、正固这四方面"功德"，意在表明阳气是宇宙万物的"资始"之本。但阳刚之气的自身发展，又有一定的规律，于是六爻拟取"龙"作为"阳"的象征，从"潜龙"到"亢龙"，层层推进，形象地展示了阳气萌生、进长、盛壮乃至穷衰消亡的变化过程。其中九五"飞龙在天"，体现阳气至盛至美的情态；上九"亢龙有悔"，则披露物极必反、阳极生阴的哲理。《周易》的辩证哲学体系，在此铺下了第一块基石。

二、《坤》卦的意义

《坤》卦的卦形作"☷"，前文已经介绍过。卦中经传内容的安排，与《乾》卦不同，是先卦辞、《彖传》、《大象传》，然后是初六爻辞及初六《小象传》，六二爻辞及六二《小象传》，六三爻辞及六三《小象传》，六四爻辞及六四《小象传》，六五爻辞及六五《小象传》，上六爻辞及上六《小象传》，"用六"文辞及"用六"

《小象传》,最后是《坤》卦的《文言传》。《屯》以下六十二卦的卦爻辞与《象传》、《大象传》、《小象传》的排列,均同《坤》卦之例。其所以独留《乾》卦的内容排列与诸卦异,朱熹认为这是前代编定经传参合本《周易》的学者留一范式,以示经传本相区别。下面依照《坤》卦内容的排列顺序逐一解说。

(一)《坤》卦的卦辞及《象传》、《大象传》

(1)《坤》卦的卦辞

此卦的卦辞是:"坤:元,亨,利牝(音聘 pìn)马之贞。君子有攸往,先迷,后得主,利。西南得朋,东北丧朋。安贞吉。"意思是:"《坤》卦象征地:元始,亨通,利于像雌马一样守持正固。君子有所前往,要是抢先居首必然迷入歧途;要是随从人后就会有人作主,必有利益。往西南将得到友朋,往东北将丧失友朋。安顺守持正固可获吉祥。"

卦辞的含义,可以分为四层理解:第一层,说明《坤》以"地"为象征,"地"配合"天",也能开创化生万物,并使之亨通;此时利于像柔顺的雌马一样守正。这里我们可以取《乾》卦的卦辞与之比较,《乾》卦辞有"元,亨,利,贞"四德,《坤》卦辞中也含有这"四德",这是两卦的共同之处。但《乾》德以"统天"为本,《坤》德以"顺承天"为前提;所以《乾》刚《坤》柔,《乾》健《坤》顺,《乾》"四德"的后二德无所限制,《坤》卦"四德"的后二德则限于"利牝马之贞",以及后文的"后得主"、"安贞吉"等义;这是两卦"四德"的不同之处。第二层,取"君子"有所前往作譬喻,说明《坤》德在于"柔顺"、"居后",抢先为首必"迷",随后不争则"利"。第三层,又取"西南"、"东北"的方位作譬喻,古人认为"西南"为阴方,"东北"为阳方,故指出以"阴"为本之时,凡有所往趋向于阴方必能"得朋"获助,若趋向于阳方则将"失朋"不利。第四层,总结前三层之义,说明《坤》德以安顺守正为吉。从这四层来看,可知《坤》卦辞的要旨是集中说明阴柔和顺、服从于阳刚的道理,即强调"阴柔"气质的本质作用。

(2)《坤》卦的《彖传》

《坤》卦《彖传》的原文是:"至哉坤元! 万物资生,乃顺承天。坤厚载物,德合无疆;含弘光大,品物咸亨。牝马地类,行地无疆,柔顺利贞。君子攸行,先迷失道,后顺得常。西南得朋,乃与类行;东北丧朋,乃终有庆。安贞之吉,应地无疆。"全文旨在解说此卦的卦辞寓意。译成现代汉语,其大意是:"美德至极啊,配合天开创万物的大地! 万物依靠它成长,它顺从禀承天的志向。地体深厚而能普载万物,德性广合而能久远无疆;它含育一切使之发扬光大,万物亨通畅达遍受滋养。雌马是地面动物,永久驰骋在无边的大地上,它柔和温顺利于守持正固。君子有所前往,要是抢先居首必然迷入歧途偏失正道,要是随从人后、温和柔顺就能使福庆久长。往西南将得到友朋,可以和朋类共赴远方;往东北将丧失友朋,但最终也仍有喜庆福祥。安顺守时正固的吉祥,正应合大地的美德久远无疆。"这里所言"东北丧朋"也仍有"福庆",是表明只要长保"坤德"、"安顺守正",即使暂时"丧朋",但最终将获得"得朋"之吉。

(3)《坤》卦的《大象传》

《坤》卦《大象传》作:"地势坤;君子以厚德载物。"意思是:"大地的气势厚实和顺;君子因此增厚美德、容载万物。"

《坤》卦既是拟取"地"为象征,其卦形是由两个"坤"(☷)组成的,犹如大地平顺无涯;因此,《大象传》根据《坤》卦的卦象,推衍出"君子"应当效法"地"宽厚和顺之象,增厚其德以普载万物。

(二)《坤》初六爻辞及《小象传》

《坤》初六爻辞作:"履霜,坚冰至。"大意是:"踩上微霜,将迎来坚冰百丈。"这是譬喻初六为阴气初起之象,必然增积渐盛,犹如微霜预示着"坚冰"将至。

初六《小象传》解释该爻爻辞,说:"履霜坚冰,阴始凝也;驯致其道,至坚冰也。"大意是:"踩上微霜将迎来坚冰,说明阴气已经开始凝积;顺沿其中的规律,百丈坚冰必将来至。"

此卦初六既为阴气始生之象,则必有它的发展趋向。所以朱熹说:"其端其微,而其势必盛。"(《周易本义》)古谚有云"冰冻三尺,非一日之寒",与《坤》初六的义理正相契合。

(三)《坤》六二爻辞及《小象传》

《坤》六二爻辞作:"直方大,不习无不利。"大意是:"正直、端方、宏大,不学习也未必不获利。"这是从六二居"位"正直不偏,地"体"端方柔静,其"用"宏大博载三方面来说明爻辞之义,故其"营修"之功自成,虽不假"学习"亦无所不利。

六二《小象传》解释该爻爻辞,说:"六二之动,直以方也;不习无不利,地道光也。"大意是:"六二的变动,趋向正直、端方;不学习也没有甚么不利的,这是地道自然的光大现象。"

此卦六二以阴居阴位,柔顺中正,所禀"坤德"十分丰厚。

所以《楚辞·远游》称:"屈原履方直之行,不容于世",即是用"直、方"之德赞美屈原臣道忠正。朱熹指出:"《坤》卦中惟这一爻最纯粹。盖五虽尊位,却是阳爻(案,指阳位),破了体了;四重阴而不中;三又不正。惟此爻得中正,所以就这说个'直方大'。"(《朱子语类》)

(四)《坤》六三爻辞及《小象传》

《坤》六三爻辞作:"含章可贞;或从王事,无成有终。"大意是:"蕴含阳刚章美、可以守持正固;或辅助君王的事业,成功不归己有而谨守臣职至终。"这是说明六三阴居阳位,犹如内含刚美而不轻易发露,故可守"贞";且"坤"象征"臣道",故不能以成功属于自己,应当尽"臣职"至终。程颐《程氏易传》指出:"为臣之道,当含晦其章美,有善则归之于君,""或从上之事,不敢当其成功,惟奉事以守其终耳。"

六三《小象传》解释该爻辞,说:"含章可贞,以时发也;或从王事,知光大也。"大意是:"蕴含阳刚章美而可以守持正固,说明六三应当根据时机发挥作用;或辅助君王的事业,说明六三的智慧光大恢弘。"《小象传》以此爻居下卦之上,有为"臣"颇多艰难之象,所以指出必须"智慧光大恢弘"才能守其终。《周易折中》引吕祖谦的话说:"《传》云,唯其知之光大,故能含晦。此极有意味。寻常人欲含晦者,多只去锄治骄矜,深匿名迹。然逾锄逾生,逾匿逾露者,盖不曾去根本上理会自己,知未光大,胸中浅狭,才有一功一善,便无安著处,虽强欲抑遏,终制不住。譬如瓶小水多,虽抑遏固闭,终必泛滥;若瓶大则自不泛滥,都不须闲费力。"这是根据爻辞、《小象传》推衍出为人处世必须"含晦",不可扬露骄矜的道理,有助于领会六三的爻义。

(五)《坤》六四爻辞及《小象传》

《坤》六四爻辞作:"括囊,无咎无誉。"大意是:"束紧囊口,免遭咎害而不求赞誉。"这是说明六四有处位不中之象,其时不利于施用,故以"括囊"譬喻缄口不言、隐居不出;这样虽不获赞誉,但也不致咎害。

六四《小象传》解释该爻爻辞,说:"括囊无咎,慎不害也。"大意是:"束紧囊口而免遭咎害,说明六四必须谨慎小心才能不惹祸患。"

此卦六四以阴居阴,有谦退自守、慎而又慎之象,这是处位不利能获"无咎"的重要条件。所以爻辞以"括囊"为喻,《小象传》以"慎不害"示戒。

(六)《坤》六五爻辞及《小象传》

《坤》六五爻辞作:"黄裳,元吉。"大意是:"黄色裙裳,至为吉祥。"这是说明六五以柔居上卦的中位,有品德谦下之象,所以爻辞以居五色之"中"的黄色象征"中道",以穿在下身的裙裳象征"谦下",并称六五有如此美德,必获至大吉祥。

六五《小象传》解释该爻爻辞,说:"黄裳元吉,文在中也。"大意是:"黄色裙裳、至为吉祥,说明六五以温文之德守持中道。"

此卦六五获"元吉",在于居中而能柔和谦下,与《乾》九五阳刚向上正好相反。朱熹说:"这是那居中处下之道。《乾》之

九五,自是刚健底道理;《坤》之六五,自是柔顺底道理:各随他阴阳,自有一个道理。"(《朱子语类》)

(七)《坤》上六爻辞及《小象传》

《坤》上六爻辞作:"龙战于野,其血玄黄。"大意是:"龙在原野上交合,流出青黄交杂的鲜血。"这是说明上六柔居上位,阴气至盛,有阴极阳来、二气交合之象,所以爻辞以"龙"喻阳刚之气,以"龙在原野上交合"喻阴阳和合;又因天色玄(青)地色黄,故又以"流出青黄相杂的鲜血"喻二气交合之后的情状。

上六《小象传》解释该爻爻辞,说"龙战于野,其道穷也"。大意是:"龙在原野上交合,说明上六的纯阴之道已经发展穷尽。"

此卦上六"龙战"的象征意义有两方面:一、阴气至盛,终究要导致阳来;二、纯阴之"坤道"穷尽,则转入阴阳交合。所谓"天地生生之德",就在阴阳矛盾统一中体现出来。可见,此爻明显反映了《周易》阴阳相推、变易不穷的思想。

(八)《坤》"用六"文辞及《小象传》

《坤》"用六"文辞作:"用六,利永贞。"大意是:"用六数,利于永久守持正固。"这则"用六"辞与《乾》卦的"用九"辞相对见义。我们说过,《周易》以"六"代表阴,"用六"便是说明如何发挥阴柔气质的道理,是对《坤》卦六个阴爻大意的总结,也是对《周易》六十四卦中 192 个阴爻内在本旨的概括。"用六"文辞所言"永久守持正固",是一种永恒不懈的阳刚气质,它表明事物虽为阴柔,虽处顺从、附属的地位,也不可丧失刚气,而必须以"刚健"济其"柔顺"。所以"用六"强调"利永贞",正是体现"柔中寓刚"的道理。

"用六"文辞的《小象传》解释说:"用六永贞,以大终也。"大意是:"用六数而永久守持正固,说明阴柔应当以返回刚大为归宿。"

如果把《坤》卦"用六"与《乾》卦"用九"再作一番比较,我们可以看到,《乾》卦"用九"称群龙不以首领自居,是刚而能柔;《坤》卦"用六"称永久守持正固,是柔而能刚:这两方面的意义,与《老子》提倡的"刚柔相济"之旨正相契合。所以,"用九"、"用六",其实也在一定程度上表露了《周易》阴阳辩证的哲理。

(九)《坤》卦的《文言传》

《坤》卦《文言传》共含七段,分别阐发《坤》卦的卦辞及六则爻辞的象征意义。以下均将之译成现代汉语,逐段展示大意:

第一段,原文作:"坤至柔而动也刚,至静而德方。后得主而有常,含万物而化光。坤道其顺乎!承天而时行。"这是阐发《坤》卦辞之义,大意是:"大地极为柔顺但变动时却显示出刚强,极为安静但柔美的品德却流布四方。随从人后、有人作主于是保持顺德久长,包容一切、普载万物于是焕发无限光芒。大地体现的规律多么柔顺啊! 它禀承天的意志沿着四时运行得当。"

第二段,原文作:"积善之家,必有余庆;积不善之家,必有余殃。臣弑其君,子弑其父,非一朝一夕之故,其所由来者渐矣！由辨之不早辨也。《易》曰：履霜，坚冰至，盖言顺也。"这是阐发初六爻辞之义，大意是："修积善行的家族，必然留下许多庆祥；累积恶行的家族，必然留下许多祸殃。臣子弑杀君主，儿辈弑杀父亲，并非一朝一夕的缘故，作恶的由来是渐萌渐长，是由于君父不曾早日辨清真相。《周易》说：踩上微霜，将迎来坚冰百丈，大概是譬喻阴恶事物的发展往往顺沿一定的趋向吧。"

第三段，原文作："直其正也，方其义也。君子敬以直内，义以方外。敬义立而德不孤。直方大，不习无不利，则不疑其所行也。"这是阐发六二爻辞之义，大意是："正直说明品性纯正，端方说明行为适宜。君子恭敬不苟、行为适宜，就能使美德广布而不孤立。正直、端方、宏大，不学习也未必不获利，说明美德充沛而一切行为都无须疑虑。"

第四段，原文作："阴虽有美，含之以从王事，弗敢成也。地道也，妻道也，臣道也。地道无成而代有终也。"这是阐发六三爻辞之义，大意是："阴柔在下者纵然有美德，只是含藏不露而用来辅助君王的事业，不敢把成功归为己有。这是地顺天的道理，妻从夫的道理，臣忠君的道理。地顺天的道理表明成功不归己有而要替天效劳、奉事至终。"

第五段，原文作："天地变化，草木蕃；天地闭，贤人隐。《易》曰：括囊，无咎无誉，盖言谨也。"这是阐发六四爻辞之义，大意是："天地运转变化，草木繁衍旺盛；天地闭塞昏暗，贤人隐退匿迹。《周易》说：束紧囊口，免遭咎害而不求赞誉，大概是譬喻谨慎处世的道理吧。"

第六段，原文作："君子黄中通理，正位居体，美在其中，而畅于四支,发于事业:美之至也!"这是阐发六五爻辞之义,大意是:"君子的美质好比黄色中和、通达文理,他身居正确的位置,才美蕴存在内心,畅流于四肢,发挥于事业;这是最美的美质啊!"

第七段,原文作:"阴疑于阳必战。为其嫌于无阳也,故称龙焉;犹未离其类也,故称血焉。夫玄黄者,天地之杂也:天玄而地黄。"这是阐发上六爻辞之义,大意是:"阴气凝情于阳气必然相互交合。作《易》者是怕读者疑惑于《坤》没有阳爻,所以在爻辞中称龙代表阳;又因为阴不曾离失其配偶阳,所以在爻辞中称血代表阴阳交合。至于血的颜色为青黄相杂,这是说明天地阴阳的血交互混和:天为青色、地为黄色啊。"

从《坤》卦《文言传》的七段文辞看,可知与《乾》卦《文言传》一样,对卦爻辞作了深刻解说,将全卦的象征旨趣分析得颇为透彻。

根据上面对《坤》卦的卦辞、爻辞、《彖传》、《象传》、《文言传》的理解,我们也可以将该卦的意义总结如下:

《周易》以《坤》卦继《乾》之后,寓有"天尊地卑"、"地以承天"的意旨。全卦大义,在于揭示"阴"与"阳"既相对立、又相依存的关系。在这对矛盾中,"阴"处于附从的、次要的地位,依顺于"阳"而存在、发展。就其卦象看,《坤》以"地"为象征形象,其义主"顺"。卦辞强调要像"雌马"一样守正,要随从人后、由人作主,要安顺守持正固可获吉祥,均已明示柔顺之义。六爻进一步抒发"阴"在附从"阳"的前提下发展变化的规律,其中六二处下守中,六五居尊谦下,六三、六四或"奉君"、或"退处",皆呈柔顺之德;而初六踩上微霜迎来坚冰,上六巨龙

　　《周易》中《乾》卦第一爻的爻辞说:"初九,潜龙勿用。"意思是:阳刚之气正处在微小之时,犹如巨龙潜伏水底,必须养精畜锐,不可急于施展才华。这是用来比喻人的时机未到,应当努力潜修,把握时机,以待来日的进一步发展。

在原野交合,两相对照,又体现了阴气积微必著,盛极返阳的现象。

上文我们分析了《乾》、《坤》两卦的经传内容,并归结了两卦的基本含义。现在,我们把这两个纯阳、纯阴的卦综合起来理解,则可以看到,两卦所体现的阴爻阳爻特征,爻位发展规律,刚柔变化情状,事实上是《周易》六十四卦的通同之例。那么,细心领会了《乾》、《坤》两卦的内容含义,就在很大程度上掌握了进一步探讨六十四卦经义的要点。再联系《系辞上传》说的"一阴一阳之谓道"这句话,我们又可明白,《周易》一书发端于《乾》、《坤》两卦,流露着贯穿《周易》全书的一种重要观点:阴阳两大力量的相互作用,是宇宙间事物运动、变化、发展的源泉。理解了这一点,则前文提出的"《乾》、《坤》是《周易》的门户"的问题就不解自明了。而研读《周易》六十四卦应当先从《乾》、《坤》两卦入门,也自然会引起读者足够的重视。

正是鉴于《乾》、《坤》为"门户"这一情实,我们在上文着重讲析了这两卦的内容要义,《屯》以下六十二卦则未之及。意图是在于:读者一旦掌握了《乾》、《坤》之义,则其余各卦遂可沿此门径深入自学,必可渐悟《周易》全书的义理内涵。

第 十 章

《周易》是用来算卦占筮的吗

有时,到书肆购买有关《周易》的书籍,往往会听到售货员用带点神秘的语调说:"这是算命的书,您要买吗?"可见,人们对《周易》的认识,有不少是片面地以为它只是作为"算卦占筮"之用的作品。

当然,这种认识也并非毫无依据,因为《周易》产生之初,实是"为卜筮而作"。但我们所要修正的,是此书虽曾被用来占筮,而其本质乃是哲学著作;也就是前文说过的,它是"以占筮为表,以哲学为里"。而且,仅就"占筮"一端来说,《易》筮的运用实有它的历史背景与发展流变过程。因此,对这一问题也有必要作一番简要的解说,以使读者树立正确而全面的认识。

一、先秦时期用《周易》占筮的渊源

在先秦时代,最为通行的预测吉凶的方法有两种:一是"卜",二是"筮"。"卜"是用龟甲或兽骨,将之灼钻穿洞,视洞沿的裂纹形状占断吉凶,随卜将结果刻写于甲或骨上(今存殷墟甲骨文即是),而没有预先编定卜辞;"筮"是用五十根蓍草,演算出卦形,根据所得之卦的卦象和卦爻辞来判断吉凶。

先秦典籍中,记载《易》筮例子最多的是《左传》和《国语》。这些筮例,所涉及的多是上层统治阶级问疑决难之事。如《左传》庄公二十二年记载陈厉公生了一个儿子,想知道幼儿的前程如何,便请周王朝的史官占了一卦;闵公元年记载,毕万想在晋国做官,便用《周易》占了一卦;闵公二年记载,鲁桓公的妻子将要分娩,桓公欲知这个未来子女的吉凶,就占了一卦;僖公十五年记载,晋献公想把女儿伯姬嫁给秦穆公为妻,于是占了一卦;同年记载,秦穆公攻打晋国之前,为此占了一卦;僖公二十五年记载,周朝廷内乱,周襄王逃往郑国,晋狐偃劝文公出兵送襄王回国,文公让卜偃占了一卦;成公十六年记载,晋国和楚国在鄢陵打仗,临战前,晋侯想预测战局的胜负,曾占了一卦;襄公九年记载,鲁宣公的妻子穆姜曾经设谋废除嗣君未成,被贬入东宫,临赴东宫前,占了一卦以问来日吉凶;昭公五年记载,鲁国的叔孙庄叔(名得臣)次子初生,为此占了一卦;昭公七年记载,卫襄公去世,卫国大夫对立长子还是次子为君的问题未能决定,于是占了一卦;昭公十二年记载,鲁国的南蒯想背叛鲁国投降齐国,为此占了一卦;哀公九年记载,宋国攻打郑国,晋国的阳虎占了一卦,以决定晋国是否要攻宋救郑。《国语》中类似这样的筮例也有一些,如《周语》记载,晋成公客居在周王朝,临将归国前,占了一卦;《晋语》记载,晋公子重耳(即后来的晋文公)出亡,想借用秦国的力量夺回晋国,为此占了一卦;又记载秦穆公收纳重耳,用兵力帮助重耳回晋,也让董因占了一卦。

从上面举的简单例子看,先秦时代《易》筮的运用十分广泛。那些上层人物,出兵打仗要占卦,生儿育女要占卦,幼主登位要占卦,嫁女娶妻要占卦,甚至出走叛逃、遭受贬谪都要占上一卦,以测前程吉凶。至于在占卦过程中,如何判断所问事件的得失利弊,则往往是因人而异,即占卦者并非绝对以所筮得卦爻辞的吉凶为吉凶,而是根据他自己对事件的分析并参照卦爻辞的内容作出自己认为满意的解释。譬如《左传》襄公二十五年有这样一段记载:

齐国的大夫崔杼去吊唁棠公之死,看到棠公的遗孀棠姜年轻貌美,遂生爱慕之心。这时,崔杼的妻子也刚死不久,便想把棠姜娶过来作继室。崔杼的手下认为不妥当,劝他勿娶。崔杼就用《周易》占了一卦,占得《困》卦变为《大过》卦。这是《困》卦第三爻六三变动所致。六三爻辞说:"困于石,据于蒺藜;入于其宫,不见其妻,凶。"意思是:"困守在巨石下,石坚难入;凭据在蒺藜上,棘刺难践;即使退回自家居室,也盼不到配人为妻的一天,有凶险。"崔杼的下僚根据这则爻辞,认为是大凶之兆,绝不可娶棠姜。但崔杼对棠姜一见倾心,他解释说:"棠姜是寡妇,娶她没有妨碍;如果占得这一卦是凶兆,那凶兆早已在她死去的丈夫身上应验过了。"于是,崔杼执意娶了棠姜。不久,齐庄公利用到崔家的机会,与棠姜多次私通。崔杼知道内情后,大为恼火,就设计把庄公杀了,另立新君。第二年,崔杼和棠姜生了一个儿子。第三年,为确立家族继承人问题,崔杼与前妻所生的两个儿子产生冲突,崔氏的政敌庆封乘机插手,杀了崔氏全家,夺取了他的全部人口和财货,棠姜上吊而死。崔杼面临家破人亡的境地,也上吊死了。在三年之间,崔杼由于娶棠姜为妻而酿成大祸,终于使崔杼整个家族彻底覆灭。

读了这个筮例,人们或许会惊讶,《周易》爻辞所断定的"凶"兆,是何等准确啊,可惜崔杼不听劝告,自取灭亡。事实上不能这样简单地看。就崔杼娶棠姜为妻而言,由于当时错综复杂的政治背景,以及各家族之间矛盾重重的人际关系,故崔杼一旦娶了棠姜必然要引来许多难以对付的事端,也就为他最终败亡埋下了无法避免的祸根。崔杼的手下人就是清楚地估计了这种形势,才借着占卦所得结果进行发挥引伸,阐述他们的看法。倘若崔杼占卦得到的是吉祥之兆,他们照样也会推衍出"凶"的结果来。因为《周易》哲学强调"变动",吉可变凶,凶可变吉,这就为占筮者提供了十分宽裕的推论余地。所以,我们在阅读古代史籍中记载的《周易》筮例时,要具体分析当时的历史背景和占筮者的思辨能力,才能获得科学的认识,而避免陷入迷信的泥淖。

先秦文献中,《周礼》、《礼记》、《尚书》、《诗经》等均有对《易》筮的简略记载,但记载较多、较详细的则是《左传》、《国语》两书。可见,自《周易》的筮法创立之后,沿用至春秋时代仍十分盛行。至于用《周易》占筮的具体程序是怎样的呢?这方面的记录,最早的材料见于《系辞上传》。后来历代学者对之又有诸多阐说推衍,而南宋朱熹《周易本义》卷首所载一篇《筮仪》最为初学者所取用研习。下面即根据这些材料,略述《易》筮的程序和方法问题。

二、《周易》占筮的程序及方法

《系辞上传》指出：《周易》含有四方面"圣人之道"，其中一项是"占筮"，并在"大衍之数"章中专节概述了筮法的要旨。这节文字是：

> 大衍之数五十，其用四十有九。分而为二以象两，挂一以象三，揲（音蛇 shé）之以四以象四时，归奇于扐（音乐 lè）以象闰，五岁再闰，故再扐而后挂。……是故四营而成易，十有八变而成卦。八卦而小成。引而伸之，触类而长之，天下之能事毕矣。

这几句话说得十分简单扼要，初学者理解起来颇为不易。朱熹《周易本义》卷首所载的一篇《筮仪》，即以上述几句话为提纲，详细解说了《周易》筮法的基本程序。下面依照这篇《筮仪》所叙，对《易》筮过程作一分析。

（一） 一　　变

首先，准备 50 根蓍（音师 shī）草（旧时称为"灵草"，专供占筮之用，气味芬香，可避免虫咬），放在圆木筒中；再准备一个方形木盘，盘中刻两个大槽，大槽左侧又刻三个小槽。这就是占筮用的所有工具。占筮时，筮者两手拿起 50 根蓍策，用左手取出其中的一根返回木筒中（留一策不用以象太极，叫做"虚一不用"）亦即《系辞上传》说的"大衍之数五十，其用四十有九"（"大衍"，犹言"广为衍绎"）。再用左右手随意把 49 策分为两部分，置于木盘上的左右两大槽中，象征"天地"阴阳两仪,这是"第一营"(营,犹言"经营"),亦即《系辞上传》说的"分而为二以象两"。

其次,用左手取出左大槽中的蓍草,再用右手从右大槽的蓍策中取出一根挂在左手手指之间,配合左右大槽的蓍策而象征"天地人"三才,这是"第二营",亦即《系辞上传》说的"挂一以象三"。

再次,用右手四策一组地分算左手的蓍策,称为"揲四",象征一年四季,这是"第三营"的前半部分,即《系辞上传》说的"揲之以四以象四时"。

再次,将"揲四"所余的蓍策(或一策、或二策、或三策、或四策)夹扐(演蓍时挂蓍草于手指间曰扐)在左手无名指间,象征岁时中的"闰月",这是"第四营"的前半部分,即《系辞上传》说"归奇于扐以象闰"。

再次,用右手将"过揲之策"(即前头已经揲算过的蓍策)放回木盘上的左大槽中,并取出右大槽中的蓍策,用左手如上述之法四策一组地揲算,这是"第三营"的后半部分。

再次,将此次"揲四"所余的蓍策(或一策、或二策、或三策、或四策)夹扐在左手中指之间,象征岁时五年之后出现第二次"闰月",这是"第四营"的后半部分,即《系辞上传》说的"五岁再闰,故再扐而后挂"。

经过上述的六道程序,"四营"已告一个段落,就可以把右手的"过揲之策"也放回木盘的右大槽中,并将左手指间"一挂二扐"之策放在木盘左侧的第一小槽中,这就是"一变"。检查"一变"的结果,须看左手三指间的"一挂二扐"之数,这时,两次夹扐的余策,左大槽若余一策则右大槽必余三策,左余二策

· 116 ·

　　孔颖达(574—648),唐初河北人。任国子祭酒。唐太宗李世民曾委托他主持修撰《五经正义》。他召集了很多学者,共同研讨。《周易正义》是当时《五经正义》中的一本,取三国魏王弼、晋韩康伯的《周易注》为依据,孔颖达亲为疏通解释。唐代科举考试,就以这本书作为《周易》教材。

则右亦二策,左余三策则右必一策,左余四策则右亦四策;合
"一挂二扐"之策,则非五即九,即为"一变"的结果。《周易》占
筮的起步就在第一变,事实上,第一变的所有程序为以后的每
一变展示了可资依循的最基本模式。所以,对第一变的情况,
我们要予以足够的重视。这一情况可以列表示如:

第一变所得挂扐之数表

挂策数 (挂一)	左大槽余策数 (一扐)	右大槽余策数 (再扐)	一变得数 (一挂二扐)
1	1 2 3	3 2 1	5
	4	4	9

(二) 二　　变

"一变"之后,将左右两大槽的"一变"过揲之策合在一起,
再按"一变"的程序"分二、挂一、揲四、归奇"而如法四营一周,
然后把"一挂二扐"之策放在木盘左侧的第二小槽中,这就完
成了"二变"。"二变"的结果,也须看左手三指间的"一挂二
扐"之数,这时,两次夹扐的余策,与第一变颇不同,即左大槽
若余一策则右大槽必余二策,左余二策则右必余一策,左余三
策则右必余四策,左余四策则右必余三策。因此,合而计之,

第二变所得挂扐之策的总数,非四即八。这一情况也可以列
表示如:

第二变所得挂扐之数表

挂策数 (挂一)	左大槽余策数 (一扐)	右大槽余策数 (再扐)	二变得数 (一挂二扐)
1	1 2	2 1	4
	3 4	4 3	8

(三) 三　　变

　　"二变"之后,再将左右两大槽的"二变"过揲之策合在一
起,又按"一变"、"二变"的程序"四营",然后把"一挂二扐之策
放在木盘左侧的第三小槽中,这就完成了"三变"。"三变"的
结果,仍须看左手三指间的"一挂二扐"之数,这时,两次
夹扐的余策,与第二变完全相同,即左大槽若馀一策则右大
槽必余二策,左余二策则右必余一策,左余三策则右必余四
策,左余四策则右必余三策。因此,合而计之,第三变所得
挂扐之策的总数,也是非四即八。这一情况也可以列表示
如:

第三变所得挂扐之数表

挂策数 （挂一）	左大槽余策数 （一扐）	右大槽余策数 （再扐）	三变得数 （一挂二扐）
1	1 2	2 1	4
	3 4	4 3	8

（四）三变成一爻

三变完毕之后就可以根据三次变化所得挂扐之数的情况，并结合第三变的过揲之数，画下所成之爻，这就是"三变成一爻"。三次变化所得的"挂扐之数"的情况，无非"五"、"四"、"九"、"八"这四种概率。对于这四种因揲蓍过程所得出的特殊数字，古代《易》家又分别将之归纳为两种称呼——将五、四称作"奇"数（因为两数中均只含一个"四"，所以称"奇"；又因为这两数较"九"、"八"为少，所以也称"少"）。又将九、八称作"偶"数（因为两数中均含有两个"四"，所以称"偶"；又因为这两数较"五"、"四"为多、所以也称"多"）。这样，三次变化后可以推得出的成爻情况就有四类：

（1）三奇

如果三次变化所得挂扐之数为"三奇"（即"五、四、四"，也称"三少"），三者相加为十三，这样第三变之后所剩"过揲之策"为三十六策(即四十九减去十三),除以四得"九",为"老阳"之数,画符号"□"表示,筮家也称为"重"。

为什么要把"过揲之数"除以四呢?推其因,盖每一变皆为"四营"而成,而"四营"的最关键步骤是"揲四",即每四策一组地分算蓍策,故被揲算过的策数必然为四的倍数,而欲求其精约之结果,必当再用四除之。因此,将"过揲之数"除四,便得出每次变化的最终数字。

(2)三偶

如果三次变化所得挂扐之数为"三偶"(即"九、八、八",也称"三多"),三者相加为二十五,这样第三变之后所剩"过揲之策"为二十四策(即四十九减去二十五),除以四得"六",为"老阴"之数,画符号"×"表示,筮家也称为"交"。

(3)两偶一奇

如果三次变化所得挂扐之数为"两偶一奇"(即"九、八、四",或"九、四、八",或"五、八、八",也称"两多一少"),三者相加二十一,这样第三变之后所剩"过揲之策"为二十八策(即四十九减去二十一),除以四得"七"为"少阳"之数,画符号"—"表示,筮家也称为"单"。

(4)两奇一偶

如果三次变化所得挂扐之数为"两奇一偶"(即"五、四、八",或"五、八、四",或"九、四、四",也称"两少一多"),三者相加为十七,这样第三变之后所剩"过揲之策"为三十二策(即四十九减去十七),除以四得"八",为"少阴"之数,画符号"--"表示,筮家也称为"拆"。

显而易见,三次变化之后,我们看到的蓍策揲算的现象均逃不过上述四种结果——其所得挂扐之数皆在三奇、三偶、两偶一奇、两奇一偶之间徘徊。数学是那样玄妙，又那样简单；而数学一旦与《易》筮结合起来，则又产生了何等扑朔迷离的色彩！但我们的任务却在于，让看似复杂万端的占筮之术重新回归到极为简单的数学原理之中，而最初步骤便是明了《易》筮"三变成一爻"之所以然。这一问题解决了，则有关筮法的一切疑难均将不复存在。简言之，《周易》的筮法凡三变必成一爻，所成之爻无非老阳、老阴、少阳、少阴(简称"阴阳老少")，用数字象征即是九、六、七、八，也合称为"重、交、单、拆"。

至若为什么把"阴阳老少"、"九六七八"的结果用"□"、"×"、"--"、"—"来表示，大概是古代筮家约定俗成的规范形式，至少从"--"和"—"的符号中我们看到了"阳"和"阴"的原始象征符号的沿承情况，而"□"和"×"则无疑也是两种被人们长期认可的标识记号。然而，把"九六七八"之数用"重交单拆"作为别称，初览之下，不禁令人颇为费解。其实，倘细为思考，此类别称也含藏着诸多可以令人心领神会的合理因素——"重"者，阳刚之重叠，故为"老阳"之别称；"交"者，阴柔之交叉，故为"老阴"之别称；"单"者，单纯之一阳，故为"少阳"之别称；"拆"者，由单纯一阳拆开而分出一阴，故为"少阴"之别称。依此思之，"重交单拆"之为"阴阳老少"、为"九六七八"，岂不是颇易理解了吗？当然，这只是笔者一己之见，尚未有切实可靠的文献史料依据，唯述此以与读者共相研讨，并俟来日的进一步取证。

关于"三变成爻"的结果，我们也可以列表示如：

三变成一爻表

三　变	第一变		第二变		第三变	
挂扐数	5	9	4	8	4	8
成爻 推断	成　爻　的　四　种　情　况					
挂扐数 之　和	5＋4＋4		9＋8＋8		9＋4＋8 （或5＋8＋8）	5＋4＋8 （或9＋4＋4）
奇　偶	三　奇		三　偶		两偶一奇	两奇一偶
多　少	三　少		三　多		两多一少	两少一多
计　算	49－ （5＋4＋4）		49－ （9＋8＋8）		49－ （9＋4＋8） 或（5＋8＋8）	49－ （5＋4＋8） 或（9＋4＋4）
过揲数 （除以四）	36 （÷4）		24 （÷4）		28 （÷4）	32 （÷4）
商　数	9		6		7	8
阴　阳	老　阳		老　阴		少　阳	少　阴
别　称	重		交		单	拆
符　号	□		×		—	--

　　"三变成一爻"在《周易》蓍占过程中是十分重要的步骤，此后第四变至第十八变，均是前三变的重复循环。

（五）十八变成一卦

　　三变既成一爻，再将四十九根蓍策合为一处，如前三变之例反复揲算,每历三变均又成一爻,这样共经历 18 次变化就得六爻而形成一卦。其中开首三变所得为初爻,第四到六变所得为二爻,第七至九变所得为三爻,第十至十二变所得为四爻,第十三至十五变所得为五爻,第十六至十八变所得为上爻。这就是《周易》筮法"四营成一变"、"三变成一爻"、"十八变成一卦"的大体程式。现在俗语中常说的"女大十八变",即是从筮法用语中套用来的。

(六) 依卦推论的法式

根据上文所述程序揲算出一卦之后,古人又是怎样推断吉凶的呢? 原来,揲筮所得的卦形中,有可变之爻,有不变之爻,其中"老阳"、"老阴"可变,"少阳"、"少阴"不变。《周易》占筮,原则是占动爻不占静爻,亦即占"九"、"六",不占"七"、"八",所以六十四卦三百八十四爻的阳爻和阴爻均用"九"、"六"表示。这样,在筮得的卦形中,若有一爻或数爻为"动爻"(即"老阳"或"老阴"),其爻阴可变阳,阳可变阴,该卦就变成另一卦;此时,筮得的卦形称"本卦",所变的卦形称"之卦",某卦变成某卦即称"某之某"(如《否》之《观》、《明夷》之《泰》等即是)。占筮时,便是依据筮得卦形的变或不变情况,占断吉凶利弊。关于占断的细则,前人说法不一。南宋朱熹与其学生蔡元定合撰《易学启蒙》一书,归纳出七条筮占法式,可资参考:

(1) 一爻变

卦中若有一爻变动,就用"本卦"变爻的爻辞占断吉凶。

(2) 二爻变

卦中若有二爻变动,就用"本卦"两个变爻的爻辞占断吉凶,但以居上的一爻为主。

(3) 三爻变

卦中若有三爻变动,就用"本卦"及"之卦"的卦辞占断吉凶,以本卦为主而以之卦为辅。

(4) 四爻变

卦中若有四爻变动,就用"之卦"的两个不变爻的爻辞占断吉凶,但以居下的一爻为主。

(5) 五爻变

卦中若有五爻变动,就用"之卦"的一个不变爻的爻辞占断吉凶。

(6) 六爻变

卦中若六爻皆变动,分两种情况:如果筮得六爻皆为纯老阳或纯老阴,卦成《乾》、《坤》,则《乾》卦以"用九"文辞占断,《坤》卦以"用六"文辞占断;其他六爻皆变,就用"之卦"的卦辞占断。

(7) 六爻皆不变

卦中若六爻皆不变动,就用"本卦"的卦辞占断吉凶。

当然,上述七条只是朱熹和蔡元定总结出来的筮占法则,与《左传》、《国语》所载筮例有的相合,有的不甚相合。这是因为古代筮法常常是缘象求占,方法灵活,不能执一而定,并且筮家在占断吉凶时往往兼取"互体"以及八卦的诸多喻象来相互配合而作出解说。

《周易》筮法,不仅在先秦时代颇为盛行,即使秦汉以后也常被人们运用。尚秉和先生撰《周易古筮考》一书,就从历代史籍中辑录了不少这类筮案。如其中一则唐代的资料是这样说的：

唐代有个叫路宴的人，夜间上厕所，有强盗埋伏在厕所旁。路宴忽然心生惊悸，急忙举烛火照出强盗埋伏之处。强盗拔剑现身，说道："请别惊怕，我是受命前来刺杀您的。但我也懂得辨明是非忠邪，我已经知道您是个正直不阿的人，所以今天不会杀您。"说完就收剑回身而去。路宴惊魂未定，于是每天昼夜惶恐戒备，以防再遭刺客暗算。一天，请一位名董贺的人替他算卦，占得《夬》卦(䷪)第二爻变动，董贺说"根据卦象和爻辞的意思，确实有人想加害您，但现在灾难已经过去了，您只要守持中正之德，必能长保平安，不用忧虑。"后来路宴果然不再碰到祸患。

在这则例子中，由于筮得《夬》卦第二爻变动，董贺即用"本卦"变爻的爻辞占断吉凶。《夬》卦九二爻辞作："惕号，莫夜有戎，勿恤。"其大意是："时刻戒惕呼号，尽管深夜出现战事，也不必忧虑。"内容正与路宴的情况相合。所以董贺劝告路宴可以免忧。此类例子，在各个时代的历史资料中颇为常见，足知《易》筮对人们的影响之大。

三、《周易》筮法的发展及其流变

先秦时代的《周易》占筮法流传到西汉之后，又有较大的发展与各种变异，乃至流为民间术士愈演愈繁的种种《易》占手段。这方面的情况颇为复杂，此处择取较重要者略作简介。

（一）焦赣《易林》筮法

西汉焦赣，字延寿，写了一部《易林》。此书按每卦均可以变成六十四卦中任何一卦的规律，排成4096种卦变次序，每一种卦变都附有一则韵体文辞，称为"林辞"，供人占筮之用。

用《易林》占筮，也是先以揲蓍四营之法，经十八变成一卦，然后视"本卦"与"之卦"的情况寻找《易林》中相应的"某卦之某卦"的"林辞"来占断吉凶；若筮得"本卦"六爻皆不变，则取《易林》中的"本卦"的"林辞"来占断。这种筮法，沿用了先秦的揲蓍演卦程序，但不取爻辞占断，而是另编一套文辞作占断之用。

（二）京房筮法

西汉京房，字君明，是焦赣的学生。他跟从焦赣研究《易》学，尽得焦氏阴阳占筮的真传。为官期间，经常通过占筮来解说自然灾异和社会现象，并借以抨击朝政。焦赣曾预言："学了我的阴阳占筮的道理，而招来杀身之祸的，必然是京房。"后来京房果然蒙遭用占筮"诽谤政治"的罪名被朝廷逮捕处死。

京房对《周易》筮法的发展与改造，大约体现于两方面：

一是发明了"金钱代蓍"法，也称"金钱卜"。其法是用三枚铜钱代替蓍草，一次同时掷下三钱，以有字之面为阴，无字之背为阳，若遇三枚皆背为"老阳"，即"三少"，其数为"九"；若遇三枚皆面为"老阴"，即"三多"，其数为"六"；若遇两枚面一枚背则为"少阳"，即"两多一少"，其数为"七"；若遇两枚背一枚面则为"少阴"，即"两少一多"，其数为"八"。这样，每掷一次得一爻,相当于"三变";掷六次成一卦,相当于"十八变"。由于"金钱卜"的原理与蓍草揲卦无异,但操作程序却简便得多,所以汉以后在民间十分流行,街肆卦摊上的"卖卜先生"大都使用此法,以致原初用50根蓍草演卦的方法反而鲜为人知了。唐代诗人于鹄写过一首《江南曲》:"偶向江边采白蘋,还随女伴赛江神。众中不敢分明语,暗掷金钱卜远人。"(《全唐诗》卷十九《相和歌辞》)即言及"金钱代蓍"之事。足见当时的"金钱卜"似乎人人皆知,连年轻妇女思念远方的郎君,祝其早归,都用此法卜上一卦。

二是将五行、天干、地支与六十四卦的爻位相配合,并创造六亲、世应、飞伏等条例,纳入《周易》占筮的体系中,使筮法复杂化。后代题为郭璞撰的《洞林》及题麻衣道者撰的《火珠林》,均全盘沿用了京房的这些条例,在中国占卜史上流传了近两千年,至今一些喜好占筮的人仍在使用此法。

除焦赣、京房对《易》筮方法作了发展与改造之外,民间流行的各种筮法还很多。如相传北宋邵康节发明的"梅花易数"也是一种,其有用字画起卦的方法,如:求筮者随手用楷书写出两个字,然后计算各字的笔划数,以"先天"卦数"乾一、兑二、离三、震四、巽五、坎六、艮七、坤八"为序,笔画超八画的从第九起再自"乾一、兑二"算下去,每字的最后一画算至哪一卦就成为其字的卦象,而以上字为内卦,下字为外卦,组成一个六画卦形;然后把两字笔画数的总和除以六,若余一则以初爻为占断,余二则以二爻为占断,余三则以三爻为占断,余四则以四爻为占断,余五则以五爻为占断,若整除则以上爻为占断。此类占筮方法,于古无征,只能看作是后人创造出来的用

　　陈抟(？—989)，北宋初道士，字图南，自号扶摇子。河南人，与吕洞宾等为友。宋太宗赐号为"希夷先生"。先隐居在武当山，后隐居在华山，又称"华山老祖"。精通《易》学，作《先天图》，以说明阴阳变化的道理。他曾把先天图传授给许多著名弟子，后来的刘牧、邵康节就是继承他的学说。

以依附《周易》占断吉凶的新方术而已。

　　总之，自《周易》筮法创立以后，对后代影响至大，其发展流变也十分广泛多样。作为研究《周易》者，有必要了解这一历史状况，探讨《易》筮产生、发展、演变的背景，从而对中国古代思想文化史的一条重要线索有较为明晰的认识。但如果盲目地崇拜《易》筮，一味对之津津乐道，奉为至宝，以至弃置《周易》的经传而不读，则显然是舍本求末之举，在今天的时代是十分不足取的。这一点，初读《周易》者务必明确，以免误入歧途。

第 十 一 章

太极图是怎么一回事

对于"太极图"这一名称,就是不懂《周易》的人大概也不会陌生。人们常常从卦摊、道袍、古代建筑、出土文物上,甚至从当代小说、戏剧、电影、电视中,看到种种被称之为"太极图"的图形。但真正谈到"太极图"究竟为何物,具有哪些涵义,则非要作一番深刻的探讨不可。

事实上,古代所传的"太极图"颇为繁多,有儒家所传的,有道教所传的(《道藏》)典籍中此类图式十分众多,还有不少是后代学者经过冥思苦想而独创出的别出心裁之"太极图",可谓体式繁富,不一而足。但其中流传最广、影响最大、最为历代学者所认可的只有两种:一为"天地自然之图",一为"周子太极图"。这两图的寓义,均与《周易》哲理有一定关联,所以下面分别试作解说。

一、"天地自然之图"

这一图外呈圆体,内作黑白"双鱼"合抱状,展现出一种至为优美、无限和谐的情态。其形作：

此图也称作"先天太极图"、"太极真图"，或简称"先天图"、"太极图"，俗呼则径称为"双鱼图"。这一图在民间的传播最为广泛，几乎与八卦并列而家喻户晓。

根据明代人赵撝谦的说法，上图名为"天地自然之图"，是远古时代伏羲氏见到的龙马背上图案的形状，后来伏羲就依照这图案画出了八卦；又说南宋朱熹的学生蔡元定曾经从四川的一位隐者那里看到这幅图，就将它买回来，秘而不传；赵氏并称他从"陈伯敷氏"那里得到此图，经过反复观玩研究，认为图中"有太极涵阴阳，阴阳涵八卦自然之妙"（见赵撝谦《六书本义》)。

清代学者胡渭写了一部《易图明辨》,广采各种旧说,对"天地自然之图"的寓意作了较详细的解释。据他的解说,图中含义约有三点:

1．圆环包裹的一圈为太极。

2．两边黑白回互之体,白为阳,黑为阴。其中阴起于南,盛于北;阳始于北,盛于南。而阳极生阴,阴极生阳,故盛阳之中有一黑点,盛阴之中有一白点。

3．黑白回互的"双鱼"体中,包涵着八卦形状:东北阳一分、阴二分,为震卦(☳);东南阳二分、阴一分,为兑卦(☱);南方纯阳,为乾卦(☰);东方阳一分、阴一分,合一白点,为离卦(☲);西南阴一分、阳二分,为巽卦(☴);西北阴二分、阳一分,为艮卦(☶);北方纯阴,为坤卦(☷);西方阴一分、阳一分,合一黑点,为坎卦(☵)。

在这里,我们不禁惊叹:古代创作这幅妙不可言的"天地自然之图"(或谓太极图)的天才智者,是凭着何等奇特的思维蕴蓄才能构思出如此精奥的图形——随着黑白合抱之双鱼的没有起点与终点的不可思议的"游动",我们清晰地感悟到了"太极"既抽象又具体的存在,看到了阴阳两端在至为默契的配合下极有规律的运动变化,同时体验到了八卦形体在这些运动变化中神奇地诞生了!于是,宇宙、大自然、人类社会的万事万物便有了它们产生与发展的富有深刻哲理色彩的"崇高模式"——东方远古中国哲人的"世界生成模式"。或许,这里仍含有不少我们还无法悟透的"玄机",但它绝对影响不了我们对之发出由衷的叹佩与赞美!

如果再进一步，让我们把此图按八个方位用圆直径平均切割成八块，在绝对平均和谐的状态中显示出世界方位的最佳布局，则图中所含八卦的形状更为分明，而我们的惊叹也无疑将更为强烈。这便是如下一幅图形：

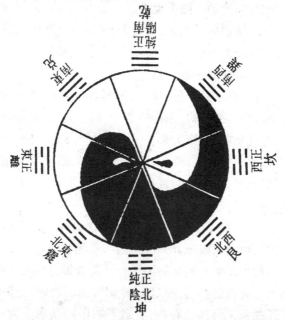

细察"太极"概念的含义，原指宇宙产生之前无形无状、浑沌未分的气体。再对照上图，其黑白回环之状，既备阴阳、八卦之用，已非"太极"本相，似不当名为"太极图"。所以杭辛齐指出："可谓之两仪生四象，四象生八卦之图。但流传既久且远，世俗已无人不认此为太极图者，所谓习非胜是，辨不胜辨，惟学者宜详究其义理，因名责实，而求真谛。"(《易楔》)

推考"天地自然之图"的来源,所传当较为古远。《道藏》辑录的唐以前的资料中,就载有类似的图形。朱熹曾经对学生说:杨龟山(杨时)有一天过访黄季鲁家,季鲁向他求教《易》理,龟山取来一张纸,在上面画个圆圈,用墨水将圆圈的一半涂墨,说道:"这就是《周易》的道理。"朱熹因此评论曰:"此说极好。"(《朱子语类》)杨龟山所画的黑白圆圈,似乎即是根据"天地自然之图"而作的示意。前面我们引用赵撝谦的说法,指出"天地自然之图"是蔡元定得自四川"隐者",这"隐者"大概就是道士一类的人物。因此,这幅图的来历,应当是传自早期的"道家"者说,其产生时代是较古远的。杭辛齐则认为:"此图流传甚古,蕴蓄宏深,决非后人所能臆造","要为三代(指夏、商、周)以上之故物。"(《易楔》)这种推测,也可以备为参考。

正由于这幅民间通称"太极图"的"天地自然之图"流传古远、寓意深刻,所以人们将之视为中华民族古老文化渊源的象征。

二、"周子太极图"

这幅图是北宋周敦颐作的,与他所撰写的《太极图说》一文并行,图旨在于展示"太极"生阴阳,阴阳参合"五行"而生成男女、万物的衍化模式。图形如下:

图中自上而下分为五层,各有一定的含义:

第一层,为一大圆圈"〇",代表化生万物的最初本体,即《太极图说》第一句所讲的"无极而太极"。

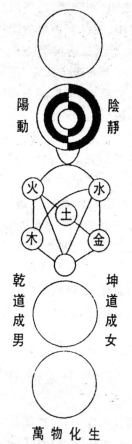

萬 物 化 生

第二层,为黑白三轮图,也称"水火匡廓图",右标"阴静",左标"阳动",黑白三圈轮廓环抱,象征"太极"动而生阳,静而生阴,一动一静,阴阳交相运行。

第三层,为五行交合图,也称"三五至精图",象征"阳变阴合"而生水、火、木、金、土。"五行"用五个小圈表示,分居五方,水居右上,火居左上,金居右下,木居左下,土居中央。代表"五行"的五个小圈,既交系于其上的"三轮图",又自相联系。交系于上,象征阴以阳为根,阳以阴为根;自相联系,象征水生木、木生火、火生土、土生金、金又生水,往复循环不已,正如五气顺布、四时运行。五个小圈下,又有一小圈与金、水、火、木相连,代表阴阳二气、五行密切交合,朱熹说:"此无极二五(指二气、五行)所以妙合无间也。"(《太极图说解》)

第四层,也是一个大圆圈"〇",象征阴阳、五行之所生成者皆禀"男""女"气质,所以圆圈右边标"坤道成女",左边标"乾道成男"。意思是,禀承坤道生成之物的气质为"阴",禀承乾道生成之物的气质为"阳";两者相合,无非一个"太极"之理。

第五层,也是一个大圆圈"〇",象征通过以上四个程序,便化生出大自然中形态万殊的物体,所以圆圈下标有"万物化生"。而推究大自然万物的本根,无论大小巨细,也不过一个"太极"而已。用现代语言说,也就是:任何一种物质,均是自身矛盾(阴阳二气)运动的组合体,犹如是原初"太极"化生出的"小太极"。

综上五层图式,从"太极"的阴阳动静到万物化生,层层推进,其基本宗旨是用以表达作者对宇宙生成程序的一种推测。

周敦颐写的一篇《太极图说》,便是解说这一图形并阐述其哲学内涵的文字。全文如下:

无极而太极。太极动而生阳,动极而静;静而生阴,静极复动。一动一静,互为其根。分阴分阳,两仪立焉。

阳变阴合,而生水、火、木、金、土。五气顺布,四时行焉。五行,一阴阳也;阴阳,一太极也;太极,本无极也。五行之生也,各一其性。无极之真,二五之精,妙合而凝,乾道成男,坤道成女。二气交感,化生万物。万物生生,而变化无穷焉。惟人也,得其秀而最灵。形既生矣,神发知矣,五行感动而善恶分,万事出焉。圣人定之以中正仁义(自注:圣人之道仁义中正而已矣)而主静(自注:无欲故静),立人极焉。故圣人与天地合其德,日月合其明,四时合其序,鬼神合其吉凶。君子修之吉,小人悖之凶。故曰:"立天之道,曰阴与阳;立地之道,曰柔与刚;立人之道,曰仁与义。"又曰:"原始反终,故知死生之说。"大哉《易》也,斯其至矣!

这篇文字的大意,可以分为前后两部分理解:

(一)前部分,自首至"变化无穷焉",论宇宙万物的化生模式。这部分含五小节,各与"周子太极图"的五层图式相配合而阐释其义:第一节,为首句"无极而太极",释第一层图式"○";第二节,自"太极动而生阴"至"两仪立焉",释第二层图式"三轮图"(阴静阳动);第三节,自"阳变阴合"至"各一其性",释第三层图式"五行交合图";第四节,自"无极之真"至"坤道成女",释第四层图式"○"(坤道成女,乾道成男);第五节,自"二气交感"至"变化无穷焉"释第五层图式"○"(万物化生)。

(二)后部分,自"惟人也"至终,论人生应当遵循"太极"精微之理以为用。这部分也含五小节,各述"太极"的"义理"及其应用之道。第一节,自"惟人也"至"万事出焉",论人生的一切行为均含"动静"的道理,而平常人往往失之于盲目、不合规律的"动",应当引以为戒;第二节,自"圣人定之以中正仁义"至"鬼神合其吉凶",论"圣人"能够适当合理地把持处身立世的"动静"之道,并常常立足于"静",以"无欲"为本,应当引为效法的楷模;第三节,为"君子修之吉,小人悖之凶"两句,举"君子"、"小人"为例,从正反两方面说明对"太极"之理的两种不同态度,其褒贬之意甚明;第四节,自"故曰"至"故知死生之说",引用《周易》中《系辞传》的成句,证明"太极"之理的正确与精奥;第五节,为"大哉《易》也,斯其至矣"两句,归结全文,指明"太极图"的本质意义尽在《周易》哲理之中。

上面将《太极图说》分为两部分十小节讲解,均本于朱熹《太极图说解》。自从周敦颐的"太极图"及《图说》问世以后,又经朱熹阐述,遂成为宋代程朱理学的基础理论之一。

周敦颐撰制"太极图"及《图说》,尚流传着一个有趣的故事。据说,周敦颐的家乡道州营道(今湖南道县),有条濂溪,溪的西面 10 里处,有一座山,高拔入云。山中有个岩洞,洞口东西贯通,洞的中部空虚廓大,顶上呈圆形,就像一轮十五的月亮;如果从洞的东西两端往中部看去,则中间洞顶就变得像上下弦的月体,当地人都称为"月岩"。相传周敦颐幼年经常在"月岩洞"中游玩,不断观察"月岩"的奇特形体,于是从"月岩"因人的视线角度不同而呈现的变化体态中,悟出"太极"的阴阳动静之理,后来就画出"太极图",并撰写了《太极图说》(见度正《元公年表》,载《周濂溪先生全集》卷十)。这则传说虽然未能断定为确切的史料,但周子制图撰说必然经过长期周密的思考揣摩,则是不违情实的。

　　周敦颐，北宋人。曾创作《太极图》及《太极图说》。据传说，周子的家乡有一条溪流，溪的西面十里处有座山，高拔入云。山中有个岩洞，洞的东西两面有两个门贯通，洞中部空虚廓大，顶呈圆形，就像一轮十五的月亮。当地人称为"月岩"。如果从东边看进去，中间的洞顶就像上弦月；从西边看进去，中间的洞顶就像下弦月。周敦颐幼年时常在洞中游玩，于是悟出"太极"动静变化之理，后来终于创作出《太极图》，写了名垂千古的《太极图说》。

周敦颐的"太极图"及《图说》，在中国思想史上产生过重大影响。朱熹说过，宋代有四篇重要文字，其中居首的一篇便是《太极图说》（见《朱子语类》）。朱熹与陆九渊兄弟关于"无极"、"太极"的著名论争，也是由此而发。康熙《性理大全》书中，甚至把《太极图说》称为"有宋理学之宗祖"，推崇至高。而后代学者更将"周子太极图"与《太极图说》合刻在石碑上，树于各地，则进一步增广了它的流传与影响。

综上所述，历史上流传的"天地自然之图"与"周子太极图"，虽然人们通常都称为"太极图"，但却是两种不同的东西。两者除了形态各异外，尚有如下重要差别：前者广泛流传于民间，后者侧重传播于学者之间；前者有图无文，后者既有图形又有《图说》；前者在古代思想史上未产生明显的理论性影响，后者为宋明理学的重要基础理论之一。

另外，我们还应当明白，这两幅图均是根据《周易》中《系辞传》所谓"太极"化生出"两仪"、"四象"、"八卦"、"万物"的学说，而作出的图解式的衍申发挥；就图形本身而言，虽不是在直接阐说《易》理，甚至是独自表现一种别具体系的理论模式（如"周子太极图"及其《图说》），但它们仍然与《周易》思想有密切的关系。所以，读《易》者也完全有必要对"太极图"的产生及寓意略加了解，以广见闻。

第 十 二 章

《周易》学说的流传经过了几个阶段

　　自从《周易》六十四卦及卦爻辞出现之后，就引起学者的极大重视。孔子或其后学撰述的《易传》十篇，《左传》、《国语》记载的许多《易》筮例子，反映了先秦时代《周易》学说的特色以及所达到的水平。

　　秦始皇兼并六国，统一天下，焚毁一切旧传经典，《周易》作为卜筮之书不属焚烧之列，独得幸存。所以，西汉初年复兴经学，《周易》的传授较其他诸经最为无阙。而且，由于《易传》十篇的流传日益广泛，并为学者所高度重视，乃至被合入"经"中传习，遂使历代对《周易》的研究，均以经传两者为主要对象。

　　从西汉到今天的两千多年之间，纵览时代的发展，《周易》学说的流传大致可以分为五个主要阶段：汉魏六朝《易》学，唐代《易》学，宋代《易》学，元明清《易》学，现当代《易》学。下面依此五阶段，略为叙述各个历史时期《易》学的基本特点及重要代表人物。

一、两汉魏晋南北朝《易》学

这一阶段的《易》学,可分三个时期:

(一) 西　　汉

西汉时期的《易》学,约有四个主要流派:一是"训诂举大谊",即根据先秦《易》说,训释六十四卦大义,以周王孙、服光、王同、丁宽、杨何、蔡公、韩婴七家所作阐《易》著述为代表。二是"阴阳候灾变",即运用《周易》原理解释大自然灾异及人类社会的各种事变,以孟喜、京房、五鹿充宗、段嘉四家《易》说为代表。三是"章句守师说",遵循当时朝廷学官所立的经师传授之学治《易》,称为"今文《易》学",以施雠、孟喜、梁丘贺、京房四家博士所传为代表。四是"《十翼》解经意",即民间私学传授的经说,专取《易传》十篇(《十翼》)解说六十四卦,称为"古文《易》学",以费直、高相所传为代表。

以上孟喜、京房分列两类,是由于两家的章句之说为正宗,而灾变占验之说则独成一派。

在这四个流派的代表《易》家中,又以丁宽、孟喜、京房、费直对后代的影响最为深远。

丁宽,梁(今河南商丘)人,字子襄。曾经随从项生学《易》于经师田何,研探精敏,才力远过项生,深受田何器重。学成之日,田何告诉他可以回去了。丁宽东归后,田何对学生们说:"《易》以东矣!"意思是赞叹丁宽将带着他的《周易》学说东去而产生巨大影响。后来,丁宽到洛阳,又跟从周王孙研习

《周易》古义,学殖益深。汉景帝时,曾任梁孝王手下的将领,号丁将军。撰《易说》三万言,以其学传授同郡田王孙。田王孙又传授施雠、孟喜、梁丘贺,《易》学史上于是有了施、孟、梁丘之学。

孟喜,东海兰陵(今山东苍山兰陵镇)人,字长卿。孟喜的父亲是当时研治《礼》、《春秋》的专家,但他认为《礼经》太多、《春秋》繁杂,所以就让孟喜学《周易》。孟喜与施雠、梁丘贺同向丁宽的弟子田王孙学《易》。他喜欢自我称誉,曾经获得《易》家阴阳候灾变的书籍,便谎称这是其师田王孙临终时枕在他膝上独传他的。儒生们听说后,都纷纷称赞孟喜。不久,同门梁丘贺揭发说:"老师是死在施雠身旁,那时孟喜正返归东海,并不在场,哪有这件事?"人们就不再信任孟喜的话。孟喜的《易》学,有《周易章句》,但长于阴阳占验之学,以卦气说为本,对后来的《周易》占候学影响甚大。其学传同郡白光(字少子)、沛翟牧(字子元),两人都成为《易经》博士。相传《易林》的作者焦赣,也曾向孟喜学过《周易》。

京房(前77—前37),东郡顿丘(今河南清丰西南)人,字君明,本姓李,排律自定为京氏。喜好音乐钟律,据八卦原理用"三分损益法"将十二律扩展为六十律。研治《周易》,拜焦赣为师,擅长于用六十四卦分值四时气候以解说阴阳灾异、占验人事吉凶。汉元帝初元四年(前45)以孝廉为郎。立为《易经》博士。他常常用《易》卦解说自然灾变和社会政治的联系,屡次上疏元帝,所言多能应验。但朝廷中的公卿大臣都认为京房的言论繁琐不可行。他曾经向元帝劾奏石显专权,被石显嫉恨在心。后来,因石显进谄言,京房就被元帝贬为魏郡太守。但他仍然上书给元帝，坚持用卦气之说评议灾变、朝政。石显等人进一步诬告京房与叛党通谋，"非谤政治，归恶天子"，他被下狱处死，年仅41岁。京房开初向焦赣学《周易》的时候，尽获焦氏的阴阳候灾变之传。那时，焦氏就深怀忧虑地说："得我道以亡身者，必京生也。"结果他的预言果然成为现实。京房的《易》学，承孟喜、焦赣的传授之脉，长于卦气"六日七分"法，并提倡纳甲、世应、飞伏、游归等术，后世《火珠林》一类的占筮法便是接受了京房的遗说，相传以钱代蓍的"金钱卜"法也是他发明的。可见，京房对中国古代占卜术的发展至有影响。

费直，东莱（郡治今山东掖县）人，字长翁。仕为郎，至单父令。研治古文《易》学，长于卦筮，不著《周易》章句，只以《彖传》、《象传》、《系辞传》、《文言传》等解说上下经。因其无章句，未立于学官，仅在民间流传。东汉以后，郑众、马融、郑玄、王弼等并传费氏《易》，其影响便取代了其他各家。

（二）东　汉

东汉时期的《易》学，是沿承西汉的流派而发展的。其中对费氏《易》学的承传较其他各家为盛。如马融、刘表、宋衷、王肃、董遇等人，纷纷为费氏《易》作章句（因为费氏无章句，所以诸家各为之立注阐说），这是一派。郑玄、荀爽则是先治京氏《易》，后来参治费氏《易》，即合京房、费氏之学而统化之，这是第二派。虞翻本治孟喜《易》学，又杂用《周易参同契》的纳甲术为说，这是第三派。陆绩，则专治京氏《易》，这是第四派。可见，东汉研《易》流派，与西汉的孟喜、京房、费直之学渊源至为密切。

以上所举各《易》家中，成就较大、影响较著的有郑玄、荀爽、虞翻等人。

郑玄(127—200)，东汉北海高密(今属山东)人，字康成。年少时家中贫困，当过乡官"啬夫"，不乐意为吏，经常到学官处求教。进入太学读书，随从京兆第五元先问业，精通今文京氏《易》学、《春秋公羊传》等。又西入关求学，拜扶风马融为师。马融研究古文经学，当时收有门徒400多人；郑玄在门下三年之久却见不到老师马融，他所学的经典均是由同门高业弟子代师传授。在这种情况下，郑玄仍然坚持日夜研讨经学，未尝息倦。有一天，马融召集学生们考核讨论有关"图纬"问题，也接见了郑玄。郑玄精细辨析了这方面的疑义难题。考论完毕，郑玄就向老师辞别，返归山东。马融对学生们喟然赞叹说："郑生今去，吾道东矣。"意思是，郑玄带着他已经成熟的满腹学问东归，我的学说将随着他影响山东的众多学者。郑玄游学10余年，回到乡里后，就聚众讲学，相随他的弟子有成百上千人。不久，由于党锢事起，郑玄的讲学被朝廷禁止，他就闭门隐修经业。当时有一个大学者叫何休的，喜好《春秋公羊传》之学，写了《公羊墨守》、《左氏膏肓》、《穀梁废疾》等著述；郑玄针对这些作品，撰写《发墨守》、《铖膏肓》、《起废疾》等篇，一一驳斥何休的观点。何休读了之后，钦佩感叹说："康成入吾室，操吾戈，以伐我乎！"汉灵帝殁，党锢之禁解除，郑玄又重新讲学授徒，门下弟子从远方前来求学者达数千人。当时的权势人物何进、董卓、袁绍等先后延召聘用郑玄，礼待甚优，郑玄多以老病为理由推辞。后来因袁绍逼迫，抱病随军，乃以疾病笃甚而逝世,年74岁。作为东汉的经学大师,郑玄以古文学为主,兼采今文经说,著述囊括各种经典,凡100多万言。在《易》学方面,他先治京氏《易》,后参以费氏《易》,创立了六十四卦爻辰说,并撰《周易注》九卷。

　　荀爽(128—190),颍川颍阴(今河南许昌)人,字慈明,一名谞。幼年好学,12岁就精通《春秋》、《论语》。当时的太尉杜乔见到荀爽,称赞他:"可为人师。"平时耽思经书,不事庆吊应酬,不应官府征命。兄弟共八人,人们称为:"荀氏八龙,慈明无双。"后来被拜为郎中,上疏指摘朝廷的政治弊病,盛称儒家礼义。奏疏上达后,即弃官归去。不久遭党锢之禁,隐居著述,积十余年研讨,遂以"硕儒"著称于世。董卓征召,想躲避而未能,被拜为平原相,旋即又追加为光禄勋,就任三日又进拜为司空:从被征命起,仅95日之间,由平民布衣升至三公高位。但他看到董卓的政治日益残暴,便与王允等共同图谋推翻董氏政权,适遇疾病深重而逝世,年63岁。荀爽的著述广涉群经、子史,共100多篇。在《周易》研究方面,他专治费直古文《易》,以《十翼》解说六十四卦经义,并创立"乾坤升降"的《易》学条例。

　　虞翻(164—233),会稽余姚(今属浙江)人,字仲翔。年少好学,有高气。最初跟从王朗,后来随孙策为功曹。汉室曾召其为侍御史,曹操以司空辟,均不应召。孙权执政东吴,拜为骑都尉,常随军出谋划策。禀性疏直,经常犯颜谏争,又不与世俗协调,所以屡屡遭人毁谤。曾经被流放到杨泾县(今属安徽),后来获释。关羽战败,孙权让虞翻占个卦,筮得《节》卦变为《临》卦,虞翻判断说:"不出二日,关羽必当断头。"两天后果然应验。孙权称赞说:"真可以与东方朔相匹敌啊!"孙权自号吴王,设宴欢饮,虞翻在席间佯醉失礼,险些遭杀。孙权与张昭谈论神仙之事,虞翻指着张昭的鼻子斥道:"那些全是死人,而妄称为神仙,世上哪有仙人呢!"这类事时常发生,孙权积怒之下,把虞翻流放到交州(今广东、广西一带)。虞翻虽然处于流放的环境,却仍然讲学不倦,随从他的学生常有数百人。曾为《老子》、《论语》、《国语》作注解,特别精通《易》学,提倡"纳甲"、"旁通"、"之正"、"卦变"等条例。一天,给孔融写了一封信,附上所注《易经》。孔融在回信中说:读了虞翻的《易注》,才知道东南的美好,不仅仅是会稽的竹箭。虞翻把《易注》奏上朝廷,自称其家五世研治孟氏《易》。奏文里转述了他同郡陈桃的一个奇异梦境:在梦中,陈桃见虞翻与一位道士相遇,道士布《易》六爻,取三爻让虞翻吞下,虞翻请求尽吞六爻,道士不允,说:"《易》道在天,三爻足矣!"虞翻根据陈桃的这个梦,认为自己受命于天,理应精通《周易》。奏中还说他研究《周易》的特点,是全面改正了前代《易》家不妥当的见解。虞翻流放交州 10 余年,70 岁时在该地逝世。

(三) 魏晋南北朝

魏晋南北朝的《易》学,较前代有了重大的变化。变化的关键,是魏王弼《易注》的出现与盛行,从而使承传 400 年的两汉"象数"《易》学逐渐衰亡。

王弼(226—249),山阳(今河南焦作东)人,字辅嗣。少年聪慧,10 余岁时,喜好《老子》,通辩能言。当时何晏任吏部尚书,十分惊奇王弼的才华,赞叹说:"孔子称后生可畏,像这个人,真可以同他讨论天人之间的道理。"王弼为人通隽敏捷,不擅长于营求功名。好谈玄学,对《周易》研治最深。性情和顺,爱好游宴,通晓音律。平日谈论哲理,自然高拔,常以自己的长处讥诮他人,因此人们往往对之不满。正始十年(249)秋,染疾疾而亡身,年仅24岁。著有《周易注》、《周易略例》、《老子注》、《周易大衍论》、《老子指略》、《论语释疑》等书。前两种对后代《易》学影响至大。

王弼的《易》学,在魏时就引人瞩目。《三国志·魏志》裴松之注引何劭《王弼传》载:

> 太原王济好谈,病《老》、《庄》。常云:"见弼《易注》,所悟者多。"

晋以后,王弼《易注》日益盛行而独冠于世。陆德明《经典释文·序录》指出:永嘉之乱,诸家之《易注》亡,"惟郑康成、王辅嗣所注行于世,而王氏为世所重";又说:"江左中兴,《易》唯置王氏博士。"《隋书·经籍志》也叙述说:

> 后汉,陈元、郑众皆传费氏之学,马融又为其《传》以授郑玄,玄作《易注》,苟爽又作《易传》。魏代,王肃、王弼并为之注,自是费氏大兴,高氏遂衰。梁丘、施氏、高氏亡于西晋,孟氏、京氏有书无师。梁、陈,郑玄、王弼二注列于国学。齐代唯传郑义。至隋,《王注》盛行,郑学浸微,今殆绝矣。

这里把东汉至隋代诸家《易》学的盛衰兴废作了扼要的分析,显示出王弼《易注》为各代学者所接受的情实。孔颖达《周易正义序》更高度赞扬王弼《易》学云:

> 传《易》者,西都则有丁、孟、京、田,东都则有苟、刘、

马、郑，大体更相祖述，非有绝伦。惟魏世王辅嗣之注，独冠古今。所以江左诸儒，并传其学；河北学者，罕能及之。

可见，王弼《易》学的势力，取代了两汉诸家《易》学，笼罩于魏晋南北朝之间，虽郑玄之注也不能与之抗衡。到了唐初修撰《五经正义》，《周易》定用王弼注本（《系辞传》以下王弼无注，采用韩康伯注），一切旧说并废。所以，王弼的《易注》，在唐代几乎定于一尊。历宋、元、明、清，研讨考辨王弼《易》学者代不乏人，影响迄今未衰。

王弼的《易》学既对后代产生如此巨大的影响，那他的研《易》特点及贡献又有哪些呢？择其最主要者言之，约有两方面：

其一，扫象数，阐哲理。

两汉《易》家，多主"象数"之学，到王弼时代，已经积弊至深。王弼《周易》学说的出现，则改变了一代学风。他置四百年《易》学流俗于不顾，独树新帜，奋起矫正两汉以降"象数学"弊端，廓而清之。他提出"得意忘象"、"得象忘言"的主张；并综合发展了前人可取的《易》说，提倡"卦以存时"、"案爻明体"、"承乘比应"、"卦主"等条例，着重从哲理角度阐说《周易》六十四卦的象征意义。宋代学者推广的与"象数学"相对峙的"义理学"，事实上从王弼发其端。至于王弼常据《老子》、《庄子》玄理以解《易》的特点，后世《易》家亦颇有诟病者。《四库全书总目提要》认为：王弼阐明义理，使《易》不杂于术数，则深为有功；祖尚虚无，使《易》竟入于老、庄，则不能无过。并谓"瑕瑜不掩，是其定评"（《周易注提要》）。又指出：

《易》本卜筮之书，故末派寖流于谶纬。王弼乘其极

　　朱熹（1130—1200），南宋徽州人，久居福建建阳。精通
《周易》学说，所作《周易本义》、《易学启蒙》等书，为宋代"义
理学"的代表。他的《周易本义》，还成为元、明、清三代科举
考试中长期沿用的《周易》教科书范本。

敝而攻之,遂能排击汉儒,自标新学。(《周易正义提要》)这一评价,是较为公允的。

其二,改定《周易》经传体例。

《周易》经传原皆单行,后来经师为便于学者研习起见,将经文与传文合为一本并行,即为后代通行的援传连经之本。西汉初,费直治古文《易》,无章句,徒以《十翼》解说经意,这是援传连经的滥觞。东汉,郑玄传费氏《易》,分《彖传》、《象传》为六十四组,各附六十四卦经文之后,于诸卦《彖》、《象》前增题"彖曰"、"象曰",以别于经文。这是郑玄对费直所传《周易》经传参合本体例所作的修订,使援传连经的规式初成范本。至王弼继起,对经传合并本《周易》的体例更作改定。所改定的要点有二:一是,将《象传》再行离析,以《彖传》、《大象传》分附卦辞后,各爻《小象传》分附爻辞后,使《彖》、《象》附经更为贴近。只留《乾》卦仍依郑玄旧本之例,大概是为了让读者明了古本的体式。二是,将《文言传》分割为两部分,各附在《乾》、《坤》两卦的卦爻辞、《彖传》、《象传》之后,并各题"文言曰"以标明之。经过王弼的改定,费直、郑玄所传《周易》经传参合本就以规范形式盛行了 1700 多年,至今犹然。尽管宋代以后学者力图恢复古《易》旧式,但最终也难以取代王弼的传本。

二、唐代《易》学

唐代的《易》学,可分为主流与支流两方面叙述:

（一）主流，以孔颖达《周易正义》为代表

唐代初年，朝廷修撰《五经正义》，孔颖达等人主持其事。《周易正义》采用王弼、韩康伯的注本，孔颖达为之作疏。王弼所注《周易》，只包括六十四卦经文以及《彖传》、《象传》、《文言传》，而《系辞传》以下不注。后来，谢万、韩康伯、袁悦之、桓玄、卞伯玉、荀柔之、徐爰、顾欢、明僧绍、刘瓛等十人相继补注，因韩注独得盛行，其余九家皆亡。孔颖达的疏解，即根据王、韩旧注，详为阐释，其中基本观点均是依循王弼之说（韩康伯注《系辞传》以下亦本王义），间或引用别家说法互为比较参证。所以，统治唐代《易》学领域的虽是《周易正义》，但起根本影响作用的仍是王弼的《易》学思想。

孔颖达(574—648)，冀州衡水（今属河北）人，字冲远。生于北朝，少时曾经跟从刘焯问学。隋大业初，选为"明经"，授河内郡博士。入唐之后，历任国子博士、国子司业、国子祭酒诸职。他主持撰修的《五经正义》，是奉唐太宗之命进行的。由于唐代科举取士是以《五经正义》为教科书，所以其书影响至大，而在唐代《易》学界起主导作用的亦为《周易正义》一书。

（二）支流，以李鼎祚《周易集解》为代表

唐代《易》学的主流既以《周易正义》为代表，其基本观点沿承王弼扫"象数"、阐哲理的主张，但也未曾阻止两汉"象数"《易》学的余绪在一定范围内的流传。这一点，主要体现于李鼎祚编撰的《周易集解》。此书广采两汉以迄唐代象数《易》家的注《易》之说，凡得三十余家，其宗旨在于黜玄言，崇象数。

李鼎祚，《唐书》未立传，故其事迹未详。据其他少数资料，知其为资州(今四川资阳以南，内江市以北)人，生活年代为天宝以后，曾任秘书省著作郎。他撰辑的《周易集解》，在《周易》象数学尽废的年代，保留了不少这方面的学说。经历唐、宋、元、明诸朝，研究李鼎祚《周易集解》者并不多见，到清代崇尚汉《易》的学者才对之高度重视；成为研讨汉魏象数《易》学的最重要资料。

三、宋代《易》学

《周易》学说发展到宋代，又起了一个重大变化，形成与"汉《易》"相对峙的"宋《易》"。

宋代《易》学，大致可分为三派：

(一) 图书之学

此派以道士陈抟开其端，相继传授给刘牧、邵雍等人，以《先天图》、《后天图》、《河图》、《洛书》等图为说，使《易》学研究别生一条途径。

陈抟(？—989)，五代末宋初道士，亳州真源(今河南鹿邑)人，字图南，自号扶摇子。后唐长兴(930－933)中，举进士不第，就隐居到武当山。后来又移居华山，与隐士李琪、吕洞宾等为友。后周世宗喜好外丹之术，显德三年(956)曾召见陈抟，向他询问外丹术，遂赐号为"白云先生"。北宋太平兴国年间，来到京师，向宋太宗建议远招贤士，近去佞臣，轻赋万民，重赏三军，太宗颇欣赏，赐号"希夷先生"。平生精于《易》学，其特点是"不烦文字解说,止有一图,以寓其阴阳消长之数,与卦之生变"(邵伯温《易学辨惑》)。据传曾作《无极图》和《先天图》,前者为道家所主张万物生成归源"无极"的图说,后者为六十四卦的衍生图式。著有《易龙图》、《九室指玄篇》等,均已亡佚。今存题为陈抟所作的《阴真君还丹歌注》,收入《道藏》。

刘牧,北宋衢州西安(今浙江衢县)人,字先之。举进士及第,后调州军事推官。曾与州将争论公事,被排挤,险遭杀身之祸。遇范仲淹,刘牧大喜,说"此吾师也。"遂拜范为师。范仲淹巡抚河南,荐举刘牧,于是为兖州观察推官。累官荆湖北路转运判官。平生精研《易》学,远承陈抟之传。著有《见解》、《卦德通论》、《先儒遗论九事》、《易学象数钩隐图》。后者今尚存,收入《道藏》及《四库全书》。

邵雍(1010—1077),北宋共城(今河南辉县)人,字尧夫,谥康节。曾隐居苏门山百源之上,后人称为百源先生。朝廷屡征召授官,均不赴。与周敦颐、张载、程颢、程颐合称"北宋五子"。接受陈抟一派所传先天象数《易》学。隐居读书期间,四时耕稼,自给衣食,将其居室名为"安乐窝",自号"安乐先生"。根据先天象数《易》理,提出"天地亦有终始"(即毁灭又复生)的观点,并提出用"元会运世"来计算天地历史的方法;认为现世的人类社会已盛极而衰,将历史分为"皇、帝、王、霸"四种时期。主张一代不如一代的历史观。著有《皇极经世》、《伊川击壤集》、《渔樵问答》等。

(二) 专阐儒理

北宋胡瑗、程颐,专以儒家伦理道德阐说《易》义,其说兼取《十翼》与王弼《易》学而广为发挥，自成一派，对后代深有影响。至南宋朱熹，全盘接受程颐的《易》学，又采纳陈抟、邵雍"图书"之学，全面推广阐扬，遂有"宋《易》"之名与"汉《易》"相对峙。

胡瑗（993—1059），北宋泰州海陵（今江苏泰县）人，字翼之。世居陕西路安定堡，学者称安定先生。官至太常博士。与孙复、石介提倡"以仁义礼乐为学"，并称"宋初三先生"。主教苏、湖二州二十余年，从学者众多。以儒家之理解《易》，著有《周易口义》，由其弟子倪天隐记述师说，故名"口义"，收入《四库全书》。

程颐（1038—1107），北宋洛阳（今属河南）人，字正叔，世称伊川先生。官至崇政殿说书。反对王安石新政，哲宗时被列为奸党，贬至四川涪州。从事讲学和著述三十余年。与其兄程颢同学于周敦颐，同为理学奠基人，合称"二程"。《易》学专著有《周易程氏传》，承胡瑗之学以儒理解《易》，详述六十四卦的旨趣，唯《系辞传》以下不注。其观点对南宋朱熹颇有影响。后代学者又将程颐的《周易程氏传》与朱熹的《周易本义》合称"传义"，元、明《易》家多遵循程、朱之说治《易》。

朱熹（1130—1200），南宋徽州婺源（今属江西）人，久居建阳（今属福建）。字元晦，一字仲晦，号晦庵，别号考亭、紫阳。青年时师事李侗，为程颢、程颐的四传弟子。曾任泉州同安主簿、知南康军、秘阁修撰等职。主张抗金，认为"和议有百害而无一利"；强调"蓄锐待时"，反对盲目用兵。平生博极群书，凡经、史著述以及诸子、佛老、天文、地理之学，无不广涉深研。且对各家学说融会贯通，继承并发展二程的思想，集宋代理学之大成,建立起完整的理学体系,与二程合称为"程朱学派"。在《易》学方面的建树,以《周易本义》、《易学启蒙》为主,是后人称为"宋《易》"的重要代表。他的《周易本义》,成为元、明、清三朝科举考试中长期沿用的《周易》教科书范本。

(三) 以史证《易》

南宋李光、杨万里,虽不废胡瑗、程颐以儒理阐《易》的旧风,但更注意援引历代史实,与六十四卦、三百八十四爻的义理相互印证,以揭明各卦、各爻的象征旨趣。这种方法,又自成一派,对后代《易》学也颇有影响。自此以后,《易》学派别的分歧,日益繁多。

李光,越州上虞(今属浙江)人,字泰发。少年时知礼老成,不喜欢嬉戏,他父亲称赞他说:"我的儿子真像云间鹤,将来可能会振兴我们的门第。"北宋崇宁五年(1106)进士。师事刘安世。除太常博士,迁司封,曾论士大夫佞谀成风,言辞切至,被权臣王黼所嫉恶,贬阳朔县。入南宋,于高宗时累迁至吏部尚书、参知政事,向朝廷所论谏的均是复国统一的根本大计。因忤逆秦桧而被罢官。卒后谥为庄简。《易》学著述有《读易详说》,是以史证《易》的第一部专著。

杨万里(1124—1206),南宋吉州吉水(今江西吉水)人,字廷秀,号诚斋。既是文学家,又是思想家。绍兴年间进士。曾官奉新知县、常州知县、广东提点刑狱、左司郎中等,累至秘书监。力主抗金,曾上《千虑策》,反对投降观点。《易》学著述有《诚斋易传》,与李光的《读易详说》同为以史证《易》的重要著作。

四、元明清《易》学

自元代至清,《周易》学说的发展大体上是在汉、宋两大流派的基础上衍申开拓的。

元代《易》学家,大都笃守程颐、朱熹的遗说,如吴澄《易纂言》、胡震《周易衍义》等皆是代表作。

明初叶仍是如此,如胡广《周易大全》、蔡清《易经蒙引》等书影响较著。明中叶以后,出现了以"狂禅"解经的学者,如方时化《学易述谈》四卷,总是以禅机作为抒论的要点;徐世淳《易就》六卷,解《易》言辞处处流露出禅家的语调;苏濬《周易冥冥篇》,观其书名,便可知显示着援禅入《易》的特色;至释智旭《周易禅解》,更明言以禅解《易》,是这方面著述的重要代表作。这又是当时《易》学流派的一个旁支。

至清代学者辈出,注重汉学,务求征实,如惠栋《周易述》、《易汉学》、张惠言《周易虞氏义》即是著名作品。此时,"宋《易》"遂饱受攻击而渐趋消沉,风气又为之一变。

元明清三朝的《易》家,兹举吴澄、智旭、惠栋、张惠言四人略为简介。

吴澄(1243—1313),元抚州崇仁(今属江西)人,字幼清。曾任国子司业、翰林学士、经筵讲官。因他所居的寓斋题为"草庐",学者又称为"草庐先生"。其学说本于南宋朱熹,兼采陆九渊的说法,主张折衷朱、陆。他的《易》学著述《易纂言》,是《五经纂言》中的第一种。

智旭(1599—1655),明末高僧,苏州吴县(今属江苏)人。

俗姓钟,名际明,字蒗益(一作藕益),号八不道人,又从所居而称灵峰老人。少年时研习儒家经典,誓灭释、老,著有《辟佛论》数十篇。后来读了莲池《自知录序》及《竹窗随笔》,才开始笃信佛教,将过去的论著尽数焚毁。二十四岁就憨山弟子雪岭剃度出家,改名智旭。此后广涉各宗,主张禅、教、律三学融合,佛、道、儒三教一致。与憨山、紫柏、莲池并称明代"四大高僧"。崇祯间住持江浙各地,佛学著述甚丰。其中介绍佛教典籍的目录学著作《阅藏知津》四十四卷,为研习佛典的入门书。又本着"诱儒以知禅"的宗旨,作《周易禅解》十卷,援引佛理说《易》,所论并非尽涉虚无,颇有可取的地方。

惠栋(1697—1758),清苏州吴县(今属江苏)人。字定宇,号松崖,人称小红豆先生。为著名经学家惠周惕的孙子、士奇的次子。惠家世代笃守古学,而惠栋所得最见精深。早年研究文词、史籍,旁涉诸子百家及佛学、道教,后来专心于经术。治经以博闻强记见长,主张尊古训、守家法,认为汉经师之说与经并行,凡是出于汉儒的说法都应当遵循。《易》学著作《周易述》,继承父辈治《易》传统,专门搜集汉儒《易》说,加以编辑考订,末编附以己见,以发明汉《易》之理,并论述《河图》、《洛书》和宋代先天、太极之学的关系;又有《易汉学》一书,罗列汉代主要《易》家的说《易》条例,详加考辨,为研探汉《易》的重要参考书。

张惠言(1761—1802),清江苏武进人。字皋文。嘉庆进士。官翰林院编修。平生治经最重《易》、《仪礼》。在《易》学方面,认为汉魏《易》家所传学说唯虞翻之说较为详备,所以专治虞《易》,著有《周易虞氏义》、《虞氏消息》、《虞氏易礼》、《虞氏易候》;除关于虞氏《易》的著述外,又有《易义别录》、《易纬略义》、《易图条辨》等传世。

清乾隆间,编修《四库全书》,《四库》馆臣综观《易》学历史的源流变迁,把先秦以来的《易》学发展概括为"两派六宗"。其说指出:

> 《左传》所记诸占,盖犹太卜之遗法。汉儒言象数,去古未远也;一变而为京、焦,入于機祥;再变而为陈、邵,务穷造化,《易》遂不切于民用。王弼尽黜象数,说以老、庄;一变而为胡瑗、程子,始阐明儒理;再变而为李光、杨万里,又参证史事,《易》遂日启论端。此两派六宗,已互相攻驳。(《四库全书总目·经部·易类小序》)

这一说法归纳了《易》学史上最有影响的流派。总其大端,即为"象数"、"义理"两派。"象数派"的正宗学说,见于汉魏学者以《易》象(八卦的众多卦象)、《易》数(阴阳奇偶之数)为解《易》途径,既切合占筮的用途,又发挥《易》理的深蕴。"义理派"主于阐明《周易》的哲学大义,王弼以老、庄思想解《易》已开其风气,至胡瑗、程颐则蔚为大观,而李光、杨万里援史证《易》则又将义理《易》说进一步引申推展、发扬光大。平心而论,汉儒以"象数"解《易》,有时执泥卦象,并杂入种种术数之说,每使《易》义支离破碎。王弼一扫旧习,独树新帜,援玄理为说固属一弊,但他也并非尽弃象数,其宗旨实在于探寻完整的《易》象,把握《易》理内蕴,使六十四卦经义条贯不紊。所以,"象数"、"义理"两派立说互有可取之处。近人吴承仕先生说:"名物为象数所依,象数为义理而设"(《检齐读书提要》),即是表明两派的主张应当相互参用,才能明辨《周易》大旨。

但"两派六宗"只是针对《易》学的主要流派而言,尚不足以尽赅《周易》研究的广阔领域。所以《四库全书总目·经部·易类小序》继续说道:

> 又《易》道广大,无所不包,旁及天文、地理、乐律、兵法、韵学、算术,以逮方外之炉火,皆可援《易》以为说,而好异者又援以入《易》,故《易》说愈繁。

可见,从先秦到清代的《易》学研究史中,所涉及的学术领域是十分宽广的。

五、现当代《易》学

辛亥革命以后,《易》学研究的趋势出现了一个重大变化。即除了继承前人的成果,在象数、义理两方面进行深入探讨之外,更多的学者注重于接受现当代科学理论,从各种新角度探讨《周易》。其中有从史学的角度探讨《周易》的史料价值,有从唯物论和辩证法的角度探讨《周易》的哲学意义,有从文学的角度探讨《周易》的文艺学价值,有从自然科学(包括数学、物理学、化学、天文学、历学、医学、量子力学、生物遗传学等)角度探讨《周易》与诸学科原理的相通之处,有运用不同的方法探讨《周易》经传的名义、作者、创作年代、发源地域诸问题等等。这期间出现的较有影响的《易》学两大家:一是杭辛齐,著有《易数偶得》、《学易笔谈初集》、《学易笔谈二集》、《易楔》、《读易杂识》、《愚一斋易说订》、《改正揲蓍法》等七种,主于贯通旧学新知,蔚为一家之言。二是尚秉和先生,著有《焦氏易诂》、《焦氏易林注》、《周易尚氏学》等书,专研象数之学,创为

　　《周易》中《乾》卦第五爻的爻辞说:"九五,飞龙在天,利
见大人。"意思是:阳刚之气发展旺盛,犹如巨龙飞上高天,利
于出现大人物。这是譬喻人们的事业获得最圆满的成功,各
方面形势最为美好。旧时代曾把君主登上帝位,称为居"九
五之尊"。

新说,"解决了旧所不解的不可胜数的《易》象问题"(于省吾《周易尚氏学序》),甚为学术界所推重。

近年来,湖南长沙马王堆汉墓出土的《帛书周易》,引起了人们的研究兴趣。《帛书周易》包括六十四卦经文、《系辞传》及卷后佚书。由于《帛书周易》与通行本不尽相同,所以学术界对它的研究大致围绕四个方面:(一)关于《帛书》六十四卦的卦序问题。(二)《帛书》卦爻辞文字与各本的异同问题。(三)《卷后佚书》的考证问题。(四)《系辞传》残卷的辨析问题。尽管目前诸问题的探讨尚未取得定论,但随着研究的深入,必将有新的成果出现。

总之,从先秦两汉至现当代的两千多年中,《周易》研究的历史是漫长的,《易》学流派及著述是繁杂众多的。清代学者皮锡瑞认为:"说《易》之书最多,可取者少"(《经学通论》),此说或有一定依据。但作为一项学术研究的课题,我们应当认真考辨历史上的种种既有成果,扬榷是非,厘定得失,才能在前人努力的基础上进一步促使这门学问的研究向前推展。

第 十三 章

研究《周易》应当掌握哪些主要方法

　　研究《周易》,必须把握一定的方法。尤其是今天,我们要运用科学理论品评这部书在学术史上的各方面价值,更必须掌握正确的研究方法。

　　《周易》研究的方法论问题,曾经引起学术界热烈讨论。讨论的中心集结于两点:一是,研究《周易》是否应当以"传"解"经";二是,在研究中如何划分现代观念与古人思想的界限。但此类讨论仅涉及局部范围,尚未深入展开,所以也未能作出全面的结论。

　　事实上,《易》学史中的不同流派,往往都采用过各具特色的研究方法。如《左传》、《国语》所载《易》说重在"本卦"、"之卦"的交变,汉儒解《易》常用"互体"、"卦变"、"卦气"、"纳甲"、"爻辰"、"升降"、"消息"、"之正"等法,王弼《易注》参以老庄哲理,程颐《易传》贯注着儒家思想,李光、杨万里援史证《易》,等等,均在一定程度上反映前人对《易》学研究方法的不同理解及运用。

　　那么,今天我们必须采用怎样的方法研究《周易》呢? 笔者认为,应当把握以下几个要点。

一、从 源 溯 流

这是要求在明确《易》学发展史的基础上,推溯历史上最有影响的《易》学流派,归趋本源,然后博览群书。这点可按四个步骤展开:

1. 《易》学研究的根本对象是《周易》经传,所以研究者首先必须熟读经传本文,明其大义,并结合考明《左传》、《国语》所记载的古筮例,以了解先秦《易》学的大体轮廓。

2. 研读汉魏《易》家的古注。李鼎祚《周易集解》所存最多。

3. 观览六朝、隋、唐各家义疏。孔颖达《周易正义》多本于六朝《易》家的义疏。

4. 参考宋、元以来各家的经说。宋人《易》说以朱熹的《周易本义》最为重要,其他宋、元人经说多存于《通志堂经解》,清儒经说以《皇清经解》、《续皇清经解》中所收为最多。

以上几个步骤,强调研读古注;不从古注入手的人,必将"迷不知本源"。但古代《易》注书籍十分繁多,初学者可能有无所适从的疑难。这里可以注意分清主次,即最重要的三部书,应当先读通。一是唐代李鼎祚的《周易集解》,此书辑存了汉魏至隋唐三十多家《易》说,主于以"象数"解《易》,是今天研究象数《易》学的必读之书。清代李道平《周易集解纂疏》,对此书作了较详细的疏解,是研读此书的辅助参考读物。二是《周易正义》,此书是魏王弼、晋韩康伯注,唐孔颖达疏,代表了王弼扫象数、标玄学的一大重要《易》学流派的观点。此书收入《十三经注疏》中。三是南宋朱熹的《周易本义》，这是《周易》义理学的重要代表作，注解简明通俗，最适合于初学者研习。这三部书读通了，事实上便把握了历代《易》学旧注的精要，而研究《周易》也就走上了正轨。

二、强 干 弱 枝

《周易》源本象数，发为义理。所以研究《易》学必须以象数、义理为主干，此外所旁及的领域，如涉及天文、地理、乐律、兵法、韵学、算术及至现代科学的说法，都属于枝附。当然，把"枝附"砍光，只注意"主干"，也不是正确的方法。但我们应当抓住最根本的"主干"，才能明辨"枝附"的可取与不可取的分别，以决定去取。如果不由主干而寻枝附，必将"浑不辨主客"。

三、以 传 解 经

在明确《周易》经传既相区别又相联系的基础上，应当以《易传》（即《十翼》）为解经的首要依据。经传的创作时代不同，所以两者反映的思想也互有差异。但《易传》的宗旨在于阐发经义，又属现存最早的先秦时期有系统的论《易》专著，则不可不视为今天探讨《周易》六十四卦经义的最重要的参考资料，马其昶《重定周易费氏学》引秦澍沣说："以经解画，以传解经；合则是，而离则非。"就是强调用卦爻辞解析卦形符号，用

《易传》解析卦爻辞。这一说法是颇为可取的。

四、抓住"象征"特色

应当掌握六十四卦表现哲理的特殊方式：象征。《周易》的最初应用虽是占筮，但它的本质内蕴则为哲学。前人讲象数不离义理，叙义理不废象数，可知两者本不能截然割裂；而"象"与"理"的结合，正是《周易》卦形、卦爻辞"象征"特色的体现。朱熹说："《易》难看，不比他书。《易》说一个物，非真是一个物，如说龙非真龙。"（《朱子语类》）这里讲的"龙"，就是《乾》卦六爻爻辞所拟取的象征形象，其内在意义是用来象征事物的"刚健"气质。掌握了"象征"规律，有利于熔"象数"、"义理"于一炉而治之，可以较完整地挖掘《周易》的本质思想。

五、掌握前代《易》例

《周易》研究中，含有许多特定的，与其他学科或领域的研究不同的义例。所以，必须尽可能掌握前人总结出来的切实可用的《易》学条例。比如我们在第四章专门分析过的六爻居位特征、承乘比应关系及卦时、卦主、中正等规律，都是最基本的《易》例。明确了这些义例，有利于阐发卦形符号象征中所包含的"时间"、"空间"观念以及导致事物变化、发展的特点。

六、注意有关考古资料

《周易》自产生之后,其学说的流传经历了数千年。这期间有不少资料散佚、流失,而在后代考古中又偶或有所发现。所以,我们应当注意结合考古学界发现的有关《周易》资料,细密辨析《周易》经传的本来面目及《易》学史研究中的各方面问题。如近年出土的《帛书周易》,即是值得注意的材料。

七、重视多学科比较研究

《周易》的基本性质虽然是侧重于哲学,但其内容包罗广泛,有不少学科可以与之旁通,或直接、间接地受到影响。因此,应当重视《周易》与其他各学科、各课题相互贯通的比较研究。如《周易》经传的文学价值、史学价值、美学价值、文字音韵学价值以及在古代科技史研究中的价值或对现当代科技的启示等,都有认真发掘的必要。至于《周易》与西方古代哲学的比较,也是颇有意义的一个研究方向。

八、吸收国外《易》学研究成果

《周易》在中国是一部重要古籍文献,而它在国外的流传也是很早就开始了,并引起不少国外学者的研究兴趣。所以,我们还应当注意国外汉学者研究《周易》的成果,吸收其可取的因素,以增进中外文化学术的交流。本世纪以来,国外研究

《周易》较有影响的汉学家不乏其人；如日本学者铃木由次郎、户田丰三郎、高田真治，德国学者卫礼贤（Richard Wilhelm）、卫德明（Hellmut Wilhelm）父子，俄国学者舒茨基（Ю.К.Шуцкий）等人，治《易》成就显著，在国外汉学界享有盛名，他们的成果都值得我们取资参考。

以上所述，只是笔者对《周易》研究方法中具体问题的大略认识。有一些还是从本师六庵教授的治《易》思想中汲取来的，如认为读《易》当"从源溯流，强干弱枝"，"不从古注入手者，是为迷不知本源"，"不由主干而寻枝附者，是为浑不辨主客"之类的观点，正是先生之精辟见解（见《论易学之门庭》，载《福建师范大学学报》1980 年第 3 期，又载《周易研究论文集》第一辑，北京师范大学出版社 1987 年出版）。至于各学科研究中必须普遍遵循的原则性方法，如以严谨科学、实事求是、知人论世、公允持正的观点分析问题、解决问题等，则无疑也是研究《周易》不可或缺的指导思想。

历史在前进，科学在发展。随着人们认识的不断提高，思维方式的不断更新，《周易》研究必将能够出现崭新的面貌。

同时，我们还应当看到，《周易》一书不但是中国古代文化的珍贵遗产，也是全人类文化宝库中的一颗奇异明珠——它的各方面价值，需要今天的学术界作出新的、科学的认识，以评定其在社会科学、自然科学诸领域中的历史意义和现实意义——我们相信，经过人们的深入研究、努力阐扬，《周易》丰富的思想内容必将在世界学术之林焕发出更加绚丽夺目的光彩。

后　记

　　写出以上十三章,大体是遵循书首《前言》所说的宗旨:叙谈有关《易》学常识,帮助初学者寻求读《易》门径。当然,是否能够如笔者所愿,达到上述目的,则需要读者在研探《周易》的实践中加以验证。

　　《周易》这部书在古代经典中最为艰深,自古以来各种歧异的说《易》观点就不少,以致许多学人对它望而生畏。时至今日,研究《易》学者诚然尚大有人在,出现的注释、讲解《周易》的著作也屡屡可见,但由于著书者的师承门户有异、学力深浅不同,更重要的是对《易》学史上的诸多流派、义例甚至对经传本文的理解尤有透彻与肤浅之明显差距,所以,当今问世的《易》著中的良者、莠者不啻天壤之别。因此,读者在研治《周易》中善于择取好的参考书,是十分重要的。

　　鉴于这点,本书的撰写决不敢苟且轻率。所叙内容必当有理有据,所示观点必当明晰通达;不持门户之见,不泥一家之言。唯期有关《易》学的主要问题能得到较完整、系统的论述,以使读者阅后能获得一些有益的启迪。此中不期然的谬误或许未能尽免,则俟识者有以匡正。

　　作为“入门”读物,笔者在撰写中力求通俗简捷,深入浅出。但由于《周易》本身隐奥晦涩,《易》家条例纷多复杂等特点所限,本书的"通俗"性似乎也只能达到笔者竭尽努力所至的程度。凡属认真阅读本书的初学者,谅必不难体味笔者的这番努力。

近来中外学者常把《周易》看作世界一大奇书。我想,它的"奇",大概就奇在运用最简单的符号展示最繁富的哲理;这一哲理所反映的深具启示意义的事物运动变化发展的规律,又广涉大自然、社会、人生的巨细不遗的各个领域。这或许是一部薄薄的《周易》,之所以能够经久不衰地吸引古今中外许多探求人类思想奥秘的人们极大兴趣的重要原因吧!

笔者相信,一切有志于研治《周易》的读者,只要沿着正确的途径,把握正确的方法,经过严谨认真的探求,假以一定的时日,必能对这门学问有所深入掌握,并在取得独到创获中享受无穷的乐趣。

张　善　文

图书在版编目(CIP)数据

周易入门/张善文著. —上海:华东师范大学出版社,
ISBN 978-7-5617-1850-6

Ⅰ.周... Ⅱ.张... Ⅲ.周易-研究 Ⅳ.B221.5

中国版本图书馆 CIP 数据核字(2000)第 86883 号

周易入门

著　　者　张善文
责任编辑　陈长华
责任校对　乔惠文
封面设计　高　山

出版发行　华东师范大学出版社
社　　址　上海市中山北路 3663 号　邮编 200062
电话总机　021-62450163 转各部门　行政传真 021-62572105
客服电话　021-62865537(兼传真)
门市(邮购)电话　021-62869887
门市地址　上海市中山北路 3663 号华东师范大学校内先锋路口
网　　址　www.ecnupress.com.cn

印 刷 者　上海昌鑫龙印务有限公司
开　　本　890×1240　32开
印　　张　5.5
字　　数　120千字
版　　次　2004 年 11 月第二版
印　　次　2025 年 8 月第十七次
印　　数　56611—57710
书　　号　ISBN 978-7-5617-1850-6/B·105
定　　价　22.00 元

出 版 人　王 焰